CRESCITA PERSONALE

Sommario

PNL

CAPITOLO 1: Che cos'è la PNL?

La Programmazione Neuro Linguistica, anche detta PNL, è un metodo di formazione individuale, che ha lo scopo di favorire la crescita e il benessere personale e, fornire delle strategie per rendere soddisfacente e positiva l'interazione con gli altri, esplorando la comunicazione, studiandola in tutti i suoi aspetti, con lo scopo di capirne i meccanismi e elaborarne delle strategie per il suo corretto utilizzo. La PNL nacque a metà degli anni '70 da Richard Bandler e John Grinder e tutt'ora, è fonte di ispirazione in vari campi: dalla psicologia e il marketing alla crescita personale.

L'obbiettivo della PNL è quello di creare più consapevolezza nella comunicazione e quindi, facilitare la gestione dei rapporti con le persone che ci circondano. Non si tratta di tecniche di manipolazione del prossimo per ottenere ciò che si vuole, bensì, di uno strumento per uscire dai propri vecchi e abitudinari schemi e crearne di nuovi,in modo tale da essere padroni delle situazioni e non essere in balia di esse. La PNL insegna a comunicare più chiaramente le nostre idee agli altri, a ispirare credibilità a ciò che trasmettiamo e quindi ad avere anche più fiducia in noi stessi e nelle nostre capacità. Inoltre, diventando più consapevole degli schemi con cui funziona la comunicazione, si avrà più possibilità di evitare di essere manipolati o raggirati. Esistono diverse tecniche di PNL applicabili nei rapporti umani, in questo libro, verranno elencate le tecniche sull'utilizzo della PNL nelle relazioni interpersonali, al fine di creare un rapporto positivo, capire le altre persone e far capire a esse le nostre idee.

Dunque, perchè potrebbe servirci conoscere la PNL?

Semplice, la Programmazione Neuro Linguistica, ci illustra le strategie per:

- Assumere il controllo della situazione.

- Evitare di essere oggetto di manipolazioni.

- Esporre il proprio pensiero in maniera persuasiva.

- Essere chiari e farsi capire.

- Dare una percezione di credibilità nel prossimo.

- Gestire i conflitti riducendo lo stress

- Migliorare il rapporto con gli altri

- Definire obbiettivi realistici e raggiungibili

- Avere più fiducia in sé stessi migliorando le proprie competenze tramite efficienza ed efficacia

A chi è rivolta la PNL? Naturalmente a tutti, anche se può, in alcuni casi piuttosto che altri, essere particolarmente utile! Negli ultimi anni è stata introdotta nel marketing aziendale, nei gruppi di lavoro, nei settori che riguardano le vendite e il rapporto venditore/cliente, può essere utilizzata da chi ricopre una posizione di leadersheap, da chi si occupa di risorse umane, dai formatori, dai terapeuti, e ancora, per chi vuole semplicemente avere più fiducia in sé stesso ed eliminare lo stress correlato. La PNL non si occupa solamente dell'individuo in sé, ma anche delle sue interazioni sociali e come esso le recepisce e le affronta, è un valido aiuto in ambito lavorativo e relazionale. L'utilizzo della PNL ha come cardine, da parte dell'individuo, la voglia di evolversi e cambiare, modificando il suo comportamento al fine di ottenere dei risultati, che prima di esso non c'erano. Il cambiamento è supportato dalla motivazione, senza essa i nostri tentativi falliranno in partenza. La PNL insegna delle tecniche e dei modelli comportamentali e comunicativi al fine di migliorare noi stessi e i nostri rapporti. Senza un'apertura mentale e un certo grado di ricettività, i nostri sforzi saranno vani.

Possiamo quindi definire i punti principali su cui si basa la PNL :

- Avere ben chiaro sia il risultato a cui si vuole arrivare e sia l'obbiettivo preciso che si vuole raggiungere. Non basta sapere cosa non si vuole, essere o avere, bisogna anche capire quali sono i nostri obbiettivi. Solo così ciò che desideriamo sarà realmente realizzabile.

- capire a fondo noi stessi e le persone con cui comunichiamo, questo ci serve per misurare il valore dei nostri risultati e dei nostri errori e, per capire in quale direzione stiamo andando. La PNL come vedremo nei prossimi capitolo, ci fornisce molteplici strumenti per cogliere e quindi comprendere ogni aspetto della comunicazione verbale e non.

- essere aperti e flessibili al cambiamento, è una dote essenziale nel processo di programmazione neuro linguistica: se non stiamo ottenendo risultati dobbiamo essere pronti a riconoscere i nostri errori e cambiare i nostri schemi mentali.

- essere pronti a metterci in gioco sin da subito, se rimandiamo forse non siamo realmente motivati.

La PNL, proprio per la peculiarità delle sue tecniche ha trovato impiego non solo in ambito lavorativo, ma anche nello sport. Il settore però che ha trovato più giovamento dalla PNL è quello del Business: il rendere le persone più motivate, l'importanza data al gruppo di lavoro e l'aumento delle abilità comunicative, hanno fatto la differenza in questo settore. Se ad esempio, applichiamo la PNL a questo mondo potremmo ottenere i suddetti risultati:

- Eliminare tutto ciò che ci limita nella risoluzione dei problemi. E quindi migliorando il nostro metodo di problem solving.

- Accrescere le nostre capacità di ragionamento, affrontando le sfide quotidiane con più razionalità e meno stress.

- Avere più mezzi per la risoluzione dei problemi.

- Vedere le cose a 360°, cioè da più prospettive, è fondamentale per gestire nella maniera più efficiente possibile le problematiche quotidiane.

- Migliorare il rapporto con i colleghi, capi e dipendenti e quindi aumentare il livello di collaborazione e benessere nell'ambiente lavorativo: una persona motivata e a suo agio nel contesto lavorativo, darà più risultati in termini di rendimento.

Merita anche, visto il largo utilizzo, soffermarsi sull'uso PNL in campo pubblicitario. La strategia più usata è quella del ricalco, di cui verrà ampiamente parlato nei prossimi capitoli, basata sulla raccolta di informazioni e l'identificazione nel soggetto ricevente il messaggio. Vengono inoltre largamente utilizzati simboli, immagini e suoni (sistemi rappresentazionali) che richiamano una determinata emozione che, nel caso della pubblicità, dev'essere positiva, visto che il prodotto per essere venduto dev'essere apprezzato e deve rispondere ad un determinato bisogno. Più sistemi rappresentazionali ci sono in una pubblicità e più il messaggio sarà potente e coinvolgerà i consumatori, ma il fine ultimo delle pubblicità, è quello di creare ancore (vedi capitoli successivi), per poi favorire lo stimolo del bisogno del prodotto, venduto ogni volta che viene visto. Queste sono le motivazioni per cui negli annunci pubblicitari sono inseriti diversi stimoli visivi e uditivi, così che, una volta rivisti nella realtà, richiamino inconsciamente il ricordo di quel prodotto. Anche il linguaggio non è scelto casualmente, ogni parola servirà a richiamare alla mente lo stimolo legato alla percezioni del prodotto.

CAPITOLO 2: La storia della PNL

I creatori della Programmazione Neuro-Linguistica furono Richard Bandler, laureato all'Università di Santa Cruz in California e John Grinder, professore nella stessa Università di Bandler. Negli anni '70 si interessarono entrambi al processo e alle caratteristiche della comunicazione, soprattutto quella utilizzata da famosi psicoterapeuti che, come prova d'efficacia, otteneva il miglioramento o comunque il cambiamento del comportamento del paziente. Il primo psicoterapeuta con cui ebbero a che fare fu Fritz Perls, della scuola della Gestalt, incontrarono e analizzarono poi il metodo di Virginia Satir, terapeuta famigliare, che faceva dell'empatia un suo punto di forza. L'interesse oltre che sulla Satir, ricadde anche sull'antropologo Gregory Bateson, grazie al quale, Bandler e Grinder, conobbero Milton H. Erickson, uno dei più esperti ipnotisti al mondo. Dall'osservazione del metodo di lavoro di quest'ultimo, furono ideate numerose tecniche dell'odierno metodo PNL. Il lavoro di Bandler e Grinder non rimase incompiuto, qualche anno dopo, un allievo di Bandler decise di continuare gli studi del maestro, questo si chiamava Robert Dilts e insieme a quest'ultimo portò avanti lo sviluppo della Programmazione Neuro Linguistica, cercando di utilizzare un metodo scientifico per validare le sue argomentazioni. Negli anni '80 la PNL inizio a destare i primi interessi tra le persone, tanto che molti iniziarono a partecipare ai corsi tenuti da Bandler e Grinder. Tra i partecipanti, un certo Anthony Robbins, entusiasta di quanto appreso, scrisse il libro"Come ottenere il meglio da sé e da gli altri", che ottenne un grandissimo successo in tutto il mondo, spiegando in maniera molto semplice e alla portata di tutti che cos'è la PNL e a cosa serve. Attualmente la PNL è diventata famosissima e seguitissima in tutto il mondo, stanno nascendo sempre più corsi e libri sull'argomento, anche perchè la ricerca sta continuando e, lo stesso Bandler è tutt'ora impegnato in prima persona. Al giorno d'oggi, la PNL è una delle correnti più all'avanguardia per rispondere alle esigenze del mondo moderno.

CAPITOLO 3: La comunicazione

Per comunicazione si intende l'atto di trasmettere ad altri, ovvero, la condivisione di informazioni tra gli individui. Secondo la psicologia la comunicazione è basata su cinque assiomi:

- Non si può non comunicare, anche se inconsapevolmente, anche se non pronunciamo parola, gesti o sguardi, durante l'interazione con altri individui, noi trasmettiamo sempre dei messaggi.

- Ogni comunicazione è basata su due livelli, ossia quello del contenuto del messaggio in sé, e quello della forma che contraddistingue il tipo di relazione che c'è tra gli interlocutori.

- La comunicazione ha un nesso di causa ed effetto, dato dall'uso della punteggiatura che crea quindi il significato percepito dagli interlocutori, e che può quindi influenzarne la relazione.

- La comunicazione può essere sia verbale che non verbale, ovvero, possiamo trasmettere le nostre informazioni sia tramite l'uso di parole che tramite l'uso di gesti del corpo, espressioni del viso, tono della voce, ecc..

- La comunicazione viaggia su due binari diversi, quello simmetrico, cioè da interlocutori posti allo stesso livello (ad esempio due colleghi), e quello complementare, ovvero soggetti posti su un piano differente (ad esempio datore di lavoro e dipendente).

Comprendere a fondo che cos'è la comunicazione, permette di acquisire un certo grado di consapevolezza su di essa, poiché i rapporti umani hanno come cardine basilare quello della comunicazione.

La comunicazione, inoltre, non è mai a senso

unico, e nella PNL, un posto di grande rilievo è occupato dall'ascolto attivo. Per ascolto attivo, si intende la capacità di ascolto facendo ben attenzione a quello che viene detto, entrando in empatia con il nostro interlocutore, prescindendo da ogni tipo di opinione e giudizio, molto diverso dal semplice ascolto, che non è altro che la ricezione in modo passivo di informazioni. Osservando l'interlocutore, cogliendo tutte le sfaccettature del suo linguaggio non verbale, ascoltando le sue parole, noi applichiamo non solo il concetto di ascolto attivo, ma iniziamo a conoscere meglio la persona con cui stiamo dialogando. Come vedremo nei capitoli successivi, conoscere l'altro è fondamentale nel processo comunicativo della PNL.

Non meno importante degli altri tipi di comunicazione, vale la pena, approfondire la comunicazione verbale, ossia quella fatta da parole frasi e dialoghi. Mettere in atto le tecniche che la PNL ci insegna, vuol dire anche avere la capacità di gestire una conversazione. Gestire uno scambio verbale non è così facile, non sempre le cose vanno come vogliamo e non sempre il nostro interlocutore dice ciò che vogliamo sentirci dire, nonostante ciò, bisogna partire da due presupposti:

- Le persone preferiscono parlare piuttosto che ascoltare.

- Ha il controllo sulla conversazione chi ascolta.

Chi ascolta, ha il potere di dirigere la conversazione verso e dove vuole, di far domande per chiarire l'argomento e per rievocare determinate informazioni. La persona è incitata a parlare quando trova un certo assenso in noi, al contrario , un ottimo metodo per far cessare il dialogo è il silenzio oppure il parere contrario. Il silenzio in termini psicologici è il rifiuto di un determinato comportamento, ancora più potente rispetto ad un'opinione contraria o a una punizione, infatti il modo migliore per far cessare un comportamento fastidioso o un discorso per noi negativo, è quello di non prestargli attenzione.

Quali sono i presupposti per cui una conversazione diventi efficace?

1. La comunicazione per definizione è il trasferimento di informazioni da un individuo all'altro, e per comunicazione non si intende solo l'atto di veicolare le informazioni da un mandante a un ricevente, ma anche come queste vengono recepite ed elaborate da quest'ultimo e, come esso infine risponde. Quindi, se inviare il messaggio correttamente è importante, lo è anche il tipo di risposta che si riceve. Una volta ricevuta la risposta, dovremmo essere in grado di coglierla in maniera razionale, escludendo la nostra soggettività e esperienza personale e, nel caso non fosse ciò che ci aspettiamo, dovremmo essere abbastanza elastici da modificare il nostro schema comunicativo. Bisogna inoltre prestare attenzione alla

componente non verbale, carica di significato e se usata in contraddizione con il parlato, può ridurne il significato.

1. Il nostro modo di percepire noi stessi e il resto del mondo , non corrisponde alla verità assoluta. Ognuno di noi, crea la sua personale realtà, che non vuol dire essere più giusta o sbagliata rispetto a quella di un altro individuo, ma semplicemente diversa. Quindi ognuno di noi può percepire le circostanze in maniera diversa.

2. Perchè la comunicazione sia efficace e chiara, è importante usare un linguaggio simile.

3. Nella comunicazione efficace, mente e corpo devono andare di pari passo.

4. La capacità di flessibilità è direttamente proporzionale al controllo della comunicazione. La rigidità mentale ha come unico risultato quello di allontanare il

nostro interlocutore.

5. Le persone, in natura, tendono a modificare il loro atteggiamento in base alle situazioni in cui si trovano. Si può quindi affermare che la reazione fisiologica dell'adattamento al contesto può influenzare il comportamento. Più la capacità di adattamento è radicata in noi e più saremmo flessibili e quindi dei potenti comunicatori.

6. Se capita di aver a che fare con un atteggiamento non consono alla situazione di un altra persona, possiamo aiutarlo a cambiare comportamento offrendogli delle alternative ciò che sta facendo o dicendo. Secondo la PNL, non solo possiamo cambiare noi stessi, ma anche aiutare gli altri a cambiare opinione.

7. Durante la comunicazione è importante tener conto di considerare anche il contesto in cui ci si trova. L'ambiente

circostante e le altre persone possono influenzare significativamente il comportamento.

8. Ognuno di noi possiede per natura tutti gli strumenti per raggiungere il cambiamento.

9. Se una cosa è raggiungibile per uno, allora lo è anche per gli altri. NON esistono limiti solo per alcuni, ognuno di noi ha le stesse possibilità dell'altro. E se capita di fallire, non dovremmo far altro che pensare che esso non è altro che una risposta negativa ad un nostro schema comportamentale, e quindi dobbiamo essere abbastanza flessibili da cambiarlo e ritentare.

Nella comunicazione, però, esistono degli "errori" che purtroppo ne limitano e influenzano la comprensione e l'efficacia. Partendo dal presupposto che ognuno è il creatore della propria realtà (vede il mondo esterno in maniera soggettiva), la PNL ne elenca tre:

1. LA CANCELLAZIONE avviene quando la nostra mente, a causa di un ingorgo di informazione recepite, ne cancella qualcuna. Questo si può dire sia un meccanismo di difesa: la nostra mente non potrebbe mai immagazzinare tanti dati tutti insieme. La cancellazione è sia positiva, poiché preserva la nostra funzionalità cognitiva, e sia un limite, poiché alcune cose vengono cancellate e quindi dimenticate.

2. LE DISTORSIONI ovvero quel meccanismo mentale per cui la realtà viene distorta, grazie ad una sbagliata interpretazione di quest'ultima.

3. LA GENERALIZZAZIONE, il processo mentale, attraverso cui, grazie alle nostre esperienza di vita, inseriamo un determinato evento o episodio in una categoria predefinita, tramite cui si fa rientrare un'esperienza in un'altra

categoria più ampia. Ad esempio, se un amico ci mente, non dobbiamo cadere nell'errore di pensare che tutti i nostri amici possano essere dei bugiardi.

Ricapitolando, anche se le cancellazioni, le generalizzazioni e le distorsioni sono processi fondamentali per salvaguardare il nostro intelletto, a volte possono essere alla base della rigidità mentale o delle convinzioni limitanti.

CAPITOLO 4: La calibrazione

La calibrazione è il metodo secondo il quale vengono utilizzati i nostri sensi, per capire lo stato d'animo e i comportamenti del nostro interlocutore, durante la comunicazione con noi.

Durante le nostre interazioni, non basta solo percepire il suono delle parole dette, perchè sia efficace, dobbiamo anche imparare a osservare e ascoltare attivamente il nostro interlocutore, ecco perchè è importante conoscere e saper cogliere non solo il linguaggio verbale, ma anche tutte le sfaccettature di quello non verbale tramite i nostri sensi. In un dialogo, come già detto, è importante cogliere il tono della voce, la mimica facciale, lo sguardo e che accompagna le parole dette e il gesticolare o meno dell'altro.

Questi particolari molte volte, possono essere più reali esplicativi di tante parole.

Le componenti che costituiscono un dialogo si suddividono in due categorie:

- Macro, sono tutti quei comportamenti che emergono con facilità durante la comunicazione.

- Micro, sono le sottigliezze che solo un bravo osservatore sa notare. Cogliere un aspetto Micro della comunicazione significa cogliere una parola chiave nel discorso, le pause tra una parola e l'altra, l'immobilità dello sguardo, ecc..

Aver la capacità di cogliere tutti gli aspetti della comunicazione verbale e non, è davvero un grosso passo avanti nell'apprendimento del metodo PNL.

Dopo aver eseguito un'attenta calibrazione, possiamo dunque, cercare di capire quali sono gli schemi rappresentazionali (ne parleremo nei prossimi capitoli) degli altri, e quindi in che modalità relazionarsi ad essi, usando lo stesso tipo di codice comunicativo (vedi capitolo sul *ricalco*).

CAPITOLO 5: Creare un "Rapport"

Rapporto interpersonale è sinonimo di relazione, vincolo o corrispondenza tra due individui. Nel capitolo vedremo come far evolvere la relazione in qualcosa di positivo, dunque nel cosidetto "Rapport". Il Rapport è una relazione basata sull'affinità, sull'accordo reciproco e suoi punti in comune.

Ognuno di noi, può creare un rapport con qualunque altra persona, puntando sulle somiglianze che ci accomunano: quando troviamo nel prossimo delle caratteristiche comuni, siamo più predisposti a interagire positivamente con esso: tendiamo a provare più benevolenza verso i nostri simili.

Trovare delle similitudini, non è sempre facile, e forse serviranno diversi tentativi, inoltre, ci saranno sempre persone con cui non troveremo alcun tipo di somiglianza. Un famoso medico ipnotista, Milton Erickson, ha elaborato una delle più valide strategie per creare il Rapport: il ricalco.

Il ricalco è l'identificazione di un soggetto con un'altra persona. La teoria di Erickson è basata sull'idea che assomigliare al prossimo è uguale a piacergli, quindi, il piacere può portare al consenso.

Usare la tecnica del ricalco, vuol dire possedere grande elasticità mentale: non è sempre facile carpire lo stato d'animo dell'altro, inoltre è sempre bene preservare la propria integrità, non smettendo di credere nelle proprie idee. Il ricalco, non vuole modificare le convinzioni altrui, ma solo trovare un punto di connessione tra gli individui. Ad esempio, se il nostro compagno di banco o collega ha un'espressione triste sul volto, ridere a squarciagola accanto a lui, non ci aiuterà a creare un'intesa. Inoltre, sarebbe sempre meglio, evitare di usare la strategia del ricalco con tutte quelle persone dai comportamenti discutibili, ed evitare di ricalcare tutte quei particolari che mettono in imbarazzo l'altro (ad esempio i tic nervosi o la balbuzie, ecc). La creazione del rapport con il prossimo, inoltre, può essere influenzato anche dal nostro stato d'animo: percepirci in maniera negativa, non aiuta sicuramente a instaurare relazioni positive, anzi, può portarci all'autosabotazione e alla demotivazione. Dobbiamo cercare di essere più ottimisti e positivi e, il primo passo, per arrivare a ciò è la consapevolezza verso noi stessi e gli eventi circostanti e, stoppare immediatamente ogni dialogo interiore negativo. I mezzi per farlo sono molteplici, come il trovare le motivazioni per cui non è vero che va tutto così male, oppure dicendo a noi stessi che non era poi così importante quella cosa andata storta. Ma, la negatività, non è solo un dialogo interiore, molte volte è anche un'immagine proiettata dalla nostra mente. Come cancellarla? La PNL ci suggerisce il metodo dello "swish pattern", cioè, sostituendo l'immagine negativa con un'altra positiva. Perchè è così importante lavorare su noi stessi? Perchè il nostro potere relazionale, dipende dal nostro stato d'animo.

Riassumendo quanto detto, quindi, per creare un rapport bisogna utilizzare lo stesso linguaggio verbale e non verbale del nostro interlocutore, scegliendo il momento più opportuno. Per far ciò è fondamentale aver fatto una buona calibrazione. Senza una buona calibrazione, molto difficilmente si riuscirà ad instaurare un solido rapport, anzi se fatto in maniera scorretta potremmo ottenere il risultato contrario, e anziché attirare benevolenza e armonia, potremmo ottenere una chiusura al dialogo da parte del prossimo.

Se invece abbiamo instaurato un rapport in maniera corretta e quindi risulterà ben solido, l'altro individuo sarà più predisposto a sentirsi in linea con noi e, si potrà, in alcuni casi, riuscire a guidarlo a seguire le nostre idee.

Come facciamo a creare un rapport, anche quando non ci sembra fattibile?

Ci sono persone con cui, a causa della loro

diversità da noi, è veramente impossibile creare un allineamento o provare a identificarsi.

Come creare una sintonia, se alla base non c'è nessun tipo di somiglianza?

Alcune volte, purtroppo, abbiamo a che fare con persone poco disponibili, maleducate e arroganti, poco inclini all'ascolto e convinte di aver ragione, come possiamo gestire una comunicazione efficace e proficua con loro?

Esattamente rispettando tutte le fasi del processo del rapport:

1. osservare e trovare punti in comune, e qui entra in gioco il cambiamento e l'elasticità mentale: dobbiamo sforzarci veramente tanto per trovare delle similitudini.

2. Non arrivare subito al conflitto, lasciando da parte l'argomento che crea malumori.

3. Lanciarsi subito verso la creazione del rapport.

Con un po' di pratica e impegno, potremmo vedere dei risultati anche con chi ci sembra impossibile instaurare un dialogo armonioso.

CAPITOLO 6: Come funziona la nostra mente?

La nostra esistenza è costituita da elementi controllabili e altri che prescindono dai nostri sforzi di dominio, nella nostra cultura siamo abituati a utilizzare la logica per spiegare tutto ciò che è quantificabile e concreto, e lasciamo al termine fatalità ciò che sfugge al nostro controllo. L'uomo moderno e soprattutto quello occidentale, è portato a pensare che la nostra esistenza sia quasi totalmente gestibile dall'uomo stesso, l'istinto e l'emotività vengono spesso messi da parte perchè non analizzabili e quantificabili. Eppure la nostra vita è largamente influenzata dalla nostra componente emotiva, che in quanto esseri umani abbiamo per natura. Il cervello umano è composto da due emisferi, il sinistro fautore di tutti i processi linguistici, è sede la sede della logica e della razionalità, nonchè percezione analitica del mondo esterno.

L'emisfero destro, invece, è sede dell'elaborazione visiva e della percezione, dell' emotività e della creatività. Se partiamo dalla teoria per cui quando nasciamo, siamo privi di influenze da parte del mondo esterno, possiamo affermare che il nostro cervello durante lo sviluppo attraversa tre diverse fasi:

- Fase Sensoriale, avvertiamo cosa ci piace e cosa no, ma non abbiamo ancora la capacità di definirlo.
- Fase Percettiva, siamo arrivati a cogliere il significato degli elementi della fase prima, ma non capiamo da che cosa originano.
- Fase Riflessiva, siamo in grado di capire cosa origina le nostre emozioni.

Man mano che tutte le informazioni vengono scritte e assorbite dal nostro cervello (il periodo più fertile è proprio l'infanzia), creiamo degli schemi comportamentali che influenzeranno tutta la nostra vita, dai nostri comportamenti alle nostre decisioni. Molti degli stimoli recepiti andranno immagazzinati nell'inconscio, cioè la nostra parte emotiva e non controllabile, che tornando al discorso iniziale, ci influenza maggiormente.

La PNL, vuole creare un ponte tra la nostra emotività e razionalità, in modo da poter capire quali sono i meccanismi inconsci che contraddistinguono le nostre scelte e i nostri comportamenti.

CAPITOLO 7: Il potere dello sguardo

Il movimento degli occhi, l'intensità dello sguardo e il come guardiamo una persona può non solo essere un rafforzativo, se usato in modo corretto, di ciò che stiamo dicendo, ma anche un aspetto che merita grande osservazione rispetto all'interlocutore. Cosa vuol dire? Esiste un detto che recita "gli occhi sono lo specchio dell'anima", ed in un certo senso veritiero: gli occhi ci possono dire molto sulla persona che abbiamo davanti. Comprendere questo ci può aiutare nella creazione del rapport, la PNL da molto spazio alla comunicazione non verbale e in particolari agli occhi e ciò che li caratterizzano, come il loro movimento.

I movimenti oculari sono, la maggior parte delle volte, inconsapevoli e, quindi, prodotti direttamente dal nostro inconscio, ragion per cui dietro ad ogni movimento si cela un preciso significato.

- Se gli occhi guardano in alto a sinistra, significa un collegamento con l'emisfero sinistro e che quindi nella mente verrà proiettata un'immagine legata ad un'emozione o un ricordo o comunque al vissuto personale.

- Se gli occhi guardano in alto a destra, l'emisfero preso in considerazione è il destro, quindi nella nostra mente l'immagine sarà una creazione fantasiosa del nostro inconscio.

- Se gli occhi fissano il lato sinistro, l'emisfero coinvolto sarà il sinistro e verranno evocate sensazioni uditive legate a ricordi.

- Se gli occhi fissano il lato destro, l'emisfero sarà lo stesso e le sensazioni uditive evocate saranno costruite e inventate dalla nostra mente.

- Se gli occhi fissano in basso a sinistra, la nostra mentre in quel preciso istante ha messo in atto un dialogo interno.

- Se gli occhi invece sono rivolti in basso a destra, la nostra mente starà organizzando le sensazioni che ha percepito.

Questa teoria sembra essere valida per tutte quelle persone che hanno sviluppato maggiormente il lato destro nel corpo nel movimento, al contrario, i mancini sembra tendano ad invertire il movimento oculare e quindi anche il suo significato. Conoscere questa particolare capacità cognitiva, ci permette di avere ancora più informazioni durante l'osservazione e il dialogo con le persone, ad ogni nostra domanda, osservando lo sguardo delle persone, potremmo cogliere molti più aspetti di quanti ne immaginiamo. E' importante non dimenticare anche che, gli individui posseggono già fisiologicamente degli abituali movimenti oculari, correlati al loro sistema rappresentazionale preponderante. Ad esempio, un individuo con sistema rappresentazionale maggiormente visivo, tenderà a guardare spesso verso l'alto, nonostante stia magari ripensando ad una melodia sentita poco prima (secondo quanto detto prima dovrebbe guardare di lato a sinistra), inoltre, se chiediamo a quella stessa persona a che cosa sta pensando, anziché ripensare al suono in sè, potrebbe visualizzare il volto del cantante collegato a quella stessa canzone. Come possiamo capire se i sistemi rappresentazionali influenzano una persona e quindi i suoi movimenti oculari? Semplicemente chiedendoglielo! Chiedere a cosa si pensa e come viene immaginato il pensiero può aiutare molto nella conoscenza del nostro interlocutore (ovviamente se lo conosciamo bene).

Lo studio dello sguardo e del suo movimento, desta interesse in molti campi, non solo perchè è uno strumento verso la comprensione cognitiva umana, ma anche perchè può essere rivelatore di menzogne. Ad esempio, se una persona sta raccontando un fatto accaduto e dato come veritiero, dovrebbe essere impresso nella sua esperienza, e quindi lo sguardo dovrebbe rivolgersi verso il lato sinistro, al contrario, se la persona guarda a destra è probabile che ciò che stia raccontando sia stato "costruito" dalla sua mente. In conclusione, gli occhi e i loro movimenti, sono per lo più inconsapevoli e possono dirci molto più di quel che pensiamo su chi ci circonda.

CAPITOLO 8: La percezione

La percezione, in psicologica è l'elaborazione dei dati sensoriali, in parole semplici, è l'atto di prendere coscienza. Molti teorici hanno ipotizzato su quale fosse il meccanismo della percezione, ad esempio c'è stato Hermann Von Helmholtz che nella seconda metà del 1800, disse che il nostro percepito dipende dall'esperienza che ognuno di noi fa nella vita. C'è poi stata la scuola della Gestalt, che ritenne invece che la percezione dipende dallo schema mentale in cui ogni individuo organizza le informazioni. Tante sono le teorie, ma una certezza, è quella che la percezione della comunicazione sia soggettiva. Com'è possibile capire in che modo percepisce il nostro interlocutore la nostra comunicazione? Innanzi tutto osservandolo. Le persone possono sviluppare maggiormente alcuni sensi rispetto ad altri, come il senso uditivo, visivo e tattile (anche detto cinestetico). Ci sono poi, delle caratteristiche comuni a ognuno di questi sensi, ad esempio chi sviluppa meglio il senso visivo trova più faticoso seguire i discorsi basati sull'astrattismo, chi sviluppa quello uditivo trova meno difficoltà a seguire la sua voce interiore e, chi sviluppa quello tattile (o cinestetico) è tendenzialmente più intuitivo. Osservando e ascoltando gli altri, molto spesso possiamo cogliere quale sia il senso predominante, ad esempio, possono essere usate maggiormente parole come "vedo" oppure come "sento".   La PNL definisce queste diverse modalità di percezione come "sistemi rappresentazionali", e sono molto importanti poiché sono la chiave di una comunicazione efficace: un soggetto visivo non sarà probabilmente molto interessato ad un discorso basato sull'astrattismo.   Quindi, se vogliamo dare una definizione a quanto detto, possiamo dire che i sistemi rappresentazionali sono meccanismi in base al quale i nostri sensi recepiscono informazioni, le inviano alla nostra mente che le elabora, immagazzina e recupera quando è necessario. Noi, come gli altri, e quindi anche le persone con cui comunichiamo, usiamo questi sistemi rappresentazionali e, come detto sopra, uno in particolare tende a prevalere in ognuno di noi e, se siamo ben attenti e la nostra calibrazione è stata fatta in maniera corretta, potremmo intuire quale senso prevale nell'altra persona. Cogliere ciò, ci permette di aver più chiara la modalità con cui ragiona l'altro. Se si vuole instaurare un valido rapport è importante utilizzare lo stesso schema rappresentazionale dell'interlocutore, ricordando che, in campo comunicativo, secondo la PNL, più due persone sono sulla stessa linee e più si creerà armonia tra le due parti.

CAPITOLO 9: Il metamodello

Il primo a coniare questo termine, fu il Dilts, che ne diede anche una definizione: i metamodelli sono gruppi (diciassette) di domande volte a individuare dati pratici e sensoriali riguardanti le nostre esperienze e quindi volte a capire in quale modo percepiamo la realtà. Il metamodello si basa su un concetto già affrontato nel libro, cioè, quello per cui ognuno di noi vede la realtà in maniera soggettiva. Nella PNL questo si chiama Mappa del Mondo. Il metamodello vuole essere uno strumento adeguato per filtrare la soggettività dalla nostra realtà percepita, e quindi arrivare a recuperare l'esperienza oggettiva e in alcuni casi ridando un'altra chiave di lettura a ciò che vedevamo prima, in modo che diventi funzionale e positivo. Consci del fatto che non possiamo cambiare la realtà oggettiva, possiamo però cambiare il nostro modo di vederla e quindi percepirla, avendo la possibilità di trasformare le nostre debolezze in forza e i nostri malesseri in qualcosa di positivo. Come detto nel capitolo sulla comunicazione, quest'ultima può avere al suo interno degli "errori" che ne limitano l'oggettiva comprensione e quindi anche la percezione, la sensazione provocata e il ricordo legato a essa. Sono la cancellazione, la distorsione e la generalizzazione e, il metamodello vuole proprio scovare questi tre "errori". Gli studiosi della PNL hanno elaborato delle specifiche domande per esaminare a fondo il linguaggio. Secondo i metamodelli, se si vogliono ricercare cancellazioni, distorsioni e generalizzazioni bisogna conoscerle a fondo: Le generalizzazioni sono composte da:

- Quantificatori Universali (es. va tutto male)

- Operatori di necessità (es. bisogna fare così)

- Operatori di possibilità (es. non si può fare)

Le distorsioni invece si suddividono in:

- Tentativo di interpretazione della mente (es. so già a cosa stai pensando)

- Equivalenza complessa (es. se la prende con me perchè non le piaccio) vuol dire dare per certo che una cosa sia conseguenza dell'altra

    - Distorsione della fonte (es. è giusto comportarsi in questo modo) prendiamo una regola nostra come verità assoluta

    - Presupporre (es. se solo potessero immaginare)

Secondo il linguaggio del metamodello le cancellazioni si suddividono in:

    - Semplice (es. sono stufo) il motivo non è chiarito e questo può creare delle incomprensioni nella comunicazione interpersonale
    - Comparative (es. è meglio così) meglio rispetto a cosa?
    - Frasi impersonali a cui manca il soggetto

Come può quindi aiutarmi il metamodello nella comunicazione? Una volta identificate le distorsioni, cancellazioni e generalizzazioni, è possibile condurre il dialogo attraverso domande volte ad esplorare quest'ultime, cercando di capire perchè si sono radicate nella mente del mio interlocutore. L'uso dei meta modelli permette di allargare la mappa del mondo di ciascuno di noi, è molto difficile usare la tecnica del metamodello su stessi, poiché è difficile accantonare la nostra soggettività, possiamo però ricorrere a dei terapeuti, altro discorso e ben più fattibile è quello di imparare a usare i metamodelli nelle comunicazioni con gli altri.

CAPITOLO 10: Il meccanismo decisionale

La PNL oltre a insegnare come creare un rapport e quindi una comunicazione armonica e positiva con gli altri, fa un passo in avanti, e afferma che una volta trovata un'idea, elencato i pro e i contro di essa e, aver colto il meccanismo decisionale dell'altro, presentare la propria idea potrebbe ottenere il successo desiderato. Per ottenere ciò, bisogna fare piccoli passi e prima di tutto capire cos'è una decisione, da cosa può essere influenzata e da quali fasi è composta. La decisione è in genere un comportamento volontario generato da un ragionamento e il processo decisionale, è invece il risultato di processi intellettivi che determinano una certa condotta. Secondo gli studiosi, il bisogno di prendere decisioni è fondamentalmente dettato da due ragioni: dall'incertezza e dal voler ottenere. Le decisioni, come detto sopra, hanno sempre alla base un ragionamento, anche se la razionalità dell'essere umano ha sempre dei limiti, come una memoria a breve termine limitata, un'attenzione selettiva, e ancora, il contesto sociale, organizzativo e relazionale e il grado di stress. Anche se elencato per ultimo, non meno importante degli altri, lo stress, che se è molto alto può adirittura spingere l'individuo a evitare di prendere decisioni. Quello delle decisioni è un processo analitico composto da varie fasi:

1. Analisi della situazione

2. Ideare delle soluzioni

3. Scegliere la soluzione più appropriata

4. Agire concretamente

5. Verifica dei risultati

Naturalmente,non è detto che tutte le persone, eseguano in questo modo tutto il processo, in ognuno di noi c'è anche una componente soggettiva, Tuttavia, una volta conosciuta la modalità con cui esso viene messo in atto, il meccanismo sarà sempre quello, a prescindere da che cosa riguardi la decisione. L'osservazione anche in questo caso è fondamentale, oltre al cercare informazioni da altre fonti. Per capire il processo decisionale è importante conoscere la motivazione per cui essa è stata presa, i fattori che l'hanno determinata o influenzata e quali sono stati i risultati pratici ed emotivi dopo averla presa. Conoscere la strategia decisionale del prossimo è fondamentale al fine di influenzarlo ad accettare le nostre idee. Solitamente, le persone seguono lo stesso o comunque similare schema decisionale durante la loro vita, per quanto pensiamo di essere istintivi, molte volte usiamo lo stesso modello comportamentale in vari situazioni. Questo ci rende ogni tanto prevedibili, ed è su questa prevedibilità che si basa la teoria della PNL su come interagire in modo efficace con gli altri. Capita a volte però, che per quanti dati raccogliamo e per quanto osserviamo il nostro interlocutore, non sempre riusciamo ad ottenere tutte le informazioni che ci servono, per cui siamo

obbligati ad accontentarci di ciò che abbiamo.

54

CAPITOLO 11: Presentare un'idea

Una volta capito come funziona lo schema decisionale dell'altra persona, è ora di capire come presentare la nostra idea in modo irresistibile. Come detto nel capitolo precedente, una volta che capiamo da cosa viene motivata una decisione e tutte le sue caratteristiche, riusciremmo ad aver ben chiaro quale sia l'interesse su cui far leva per essere presi in considerazione. Dobbiamo tener presente che le persone decidono in base ai propri interessi e non ai nostri, noi possiamo solo rendere appetibili le nostre idee, presentandole tenendo in considerazione gli schemi mentali dell'altro. Nel presentare un'idea, dobbiamo tener conto diverse variabili, come il fattore percettivo dominante, la quantità di dati e di alternative che servono al nostro ascoltatore, il tempo necessario per arrivare a una scelta e perchè no, a volte anche il parere di terzi. Durante l'esposizione della nostra idea dovremmo stuzzicare la motivazione suscitando interesse esponendo la nostra idea in maniera chiara e logica, facendo trasparire che crediamo in ciò che stiamo dicendo. Dovremmo poi far arrivare ad una decisione cercando di convincere l'altro della validità di ciò che stiamo dicendo e infine, rassicurando il nostro ascoltatore sulla buona uscita di ciò che è appena stato deciso.

Nell'esposizione dell'idea, potrebbe essere utile utilizzare la tecnica del ricalco sul futuro, cioè la capacità di prevedere i problemi che potrebbero sorgere in futuro, e bravura nel ricercare e trovare una soluzione a essi.

Questa tecnica può dimostrarsi valida nel momento in cui l'altro abbia qualche perplessità in merito alla nostra idea e quindi fatichi a decidere di accettarla. Un'altra tecnica molto famosa della PNL è quella dell'ancoraggio, di cui parleremo nel capitolo seguente. Non bisogna poi dimenticare un'altra famosa tecnica in ambito comunicativo, quella del chunking, ossia, la capacità di formulare concetti in maniera vaga e astratta.

Ne è un esempio la politica, quando durante i comizi si parla in modo generalistico, ad esempio:" faremo in modo di assicurare tutti i criminali alla giustizia". Frase accolta in maniera positiva da molte persone ma, con la caratteristica di essere vaga e astratta, seppur veritiera.

Possiamo dire quindi che più un concetto è vago e astratto e più aumenta il consenso.

Questa teoria però, funziona con tutte quelle persone che comunicano con questa modalità, c'è anche chi per natura è più concreto e dettagliato. Con quest'ultima categoria di persone certamente non possiamo essere astratti, ma dobbiamo adeguarci al loro schema.

La PNL per essere usata correttamente richiede una grandissima elasticità mentale, sforzo ed esercizio, saper gestire la comunicazione anche a questo livello, significa saper gestire un rapporto

e quindi presentare in maniera più efficace le
nostre idee.

CAPITOLO 12: L'ancoraggio

I primi studi sull'ancoraggio, risalgono a inizio 1900, ma uno dei primi a utilizzarlo a fini terapeutici fu, l'ormai già frequentemente nominato nel libro, l'ipnotista Milton H. Erickson. Nella creazione del metodo PNL, gli stessi Bandler e Grinder, appresero questa tecnica dal terapeuta e la svilupparono a loro volta. Per ancoraggio si intende il processo per cui un ricordo, un'emozione o una sensazione viene associato ad uno stimolo esterno. Probabilmente, usiamo l'ancoraggio senza rendercene conto molto spesso, ma la consapevolezza che esista, è un grande strumento se utilizzato al fine di ottenere le reazioni desiderate. Erickson, ad esempio, utilizzava consapevolmente delle ancore di tipo uditivo, per guidare i suoi pazienti durante le sedute di ipnosi. Le ancore nella nostra vita di tutti i giorni, potrebbero essere cose come una fotografia che ricorda un determinato momento e suscita una particolare emozione, il suono di una canzone oppure un odore o ancora un gesto, che si aggancia a determinati ricordi in grado di far rivivere stati d'animo legati ad essi. Ed è proprio sulla rievocazione di questi stati d'animo che verte la tecnica dell'ancoraggio, perchè questi possono essere sia positivi, come la felicità, l'allegria, la tenerezza, la motivazione, che negativi, come l'ansia ì, la paura del fallimento e l'insicurezza. E' possibile creare ancore verso se stessi e verso gli altri, la cosa fondamentale è trovare l'innesco. Vediamo utilizzato l'ancoraggio verso gli altri in molti casi nella quotidianità, qui sotto vi citerò alcuni esempi:

- in campo cinematografico e televisivo: gli sceneggiatori e registi, con determinate scene riescono a tirar fuori in noi determinate emozioni. Un horror riesce ad ancorarsi a immagini che in noi suscitano terrore, ottenendo così la sensazione voluta: la paura!

- Nella vendita di un prodotto, un buon venditore cercherà di rendere "famigliare" ciò che vuole vendere, in modo di evocare sensazioni di rassicurazione nel cliente

- in campo pubblicitario, per lo stesso meccanismo elencato qui sopra.

Quando pratichiamo l'ancoraggio su altri, bisogna tenere a mente che, ogni nostro gesto o parola, se fatto durante il ciclo della forte emozione di quella persona, verrà inglobato nel suo inconscio, e le volte future in cui il nostro gesto o le nostre parole verranno rievocate, tornerà inconsciamente anche quella sensazione. Ad esempio, se durante una lite furiosa ci avviciniamo in maniera brusca al nostro interlocutore, suscitando in lui paura, ogni volta, che qualcun' altro si avvicinerà bruscamente potrebbe evocare in lui una sensazione di paura e fastidio. Infatti, l'ancoraggio è una tecnica da usare sugli altri con cautela, poiché potremmo veramente condizionare gli stati d'animo delle persone.

Come si fa ad ancorare?

Bisogna prima di tutto specificare che l'ancoraggio è costituito da due principali elementi:

- Lo stimolo o l'elemento che provoca il la reazione dell'altro, può essere visivo (uno sguardo particolare), uditivo (un determinato tono di voce) o cinestetico (un tipo di contatto fisico), oppure può essere tutte queste cose insieme.

- La reazione desiderata che vogliamo ottenere dall'interlocutore, che non è detto che a lui piaccia o meno .

- Per attuare la tecnica dell'ancoraggio, prima di tutto bisogna capire qual' è, o quali sono i ricordi dell'interlocutore che suscitano quella determinata emozione che si desidera rievocare. In questo caso possiamo chiedere direttamente a lui di raccontarci un episodio per lui piacevole, in maniera tale da far riemergere in lui la sensazione di piacere. Questo si chiama estrazione delle emozioni desiderate. Quando poi nel racconto, la sensazione piacevole raggiunge il suo massimo, potremmo cercare di lanciare la nostra ancora, connettendoci così a quella sensazione positiva, così che, la nostra azione in futuro possa far riemergere la stessa emozione.

In sintesi l'ancoraggio è costituito dai seguenti passaggi:

1. Osservare l'interlocutore.

2. Estrarre la reazione desiderata oppure aspettare che avvenga naturalmente.

3. Attendere che l'emozione arrivi al culmine

4. Tentare di ancorarla con un gesto o delle parole.

5. Provare a vedere se nel futuro usando quelle stesse parole o gesti si riesce a riemergere quella stessa emozione nell'altro, il modo da testare l'efficacia dell'ancoraggio.

Come tutto, la tecnica dell'ancoraggio, richiede molto esercizio e molti tentativi, un'ancora installata in modo corretto, sarà durevole nel tempo, anche se un'emozione ancora più forte potrebbe scalfirla. Nulla toglie che la sensazione non possa essere nuovamente ancorata. Questa tecnica è una delle più efficaci, famose e dibattute della PNL, suscitare emozioni positive negli altri può essere un gesto nobile, ma se usata come tentativo di manipolazione o con il fine di suscitare sensazioni negative e dolorose nel prossimo, allora il suo uso è deprecabile.

La PNL ha lo scopo di creare armonia con se stessi e con gli altri, se si vede la PNL come metodo di raggiro e manipolazione, vuol dire che allora non si è colto il suo vero

CAPITOLO 13: Le tante tecniche della PNL

La PNL come già detto non è solo applicabile alla comunicazione e all'arte della persuasione verso il prossimo. La PNL è anche un metodo per star bene con se stessi. Partendo dal presupposto che è impossibile instaurare un rapporto positivo con gli altri, se prima non si ha un rapporto positivo con noi stessi, la PNL è ricca di tecniche e strumenti per favorire il cambiamento in noi stessi. Alcune tecniche vengono messe in pratica in maniera inconscia, altre sono a noi sconosciute, qui sotto sono elencate alcune di esse:

- Il RAPPORT di cui abbiamo parlato molto nei capitoli precedenti.

- Il MILTON MODEL modello di comunicazione ideato dall'ipnotista Erickson, consiste nell'utilizzo di pattern linguistici in grado di oltrepassare la mente conscia e andare dritto verso l'inconscio. Questo metodo lo vediamo usato nelle story telling, nel marketing e nelle vendite.

- TECNICA DEL TEMPO detta anche "Time Techniques (Time Integrations for Maximum Empowerment). Prende spunto da una teoria della scuola della Gestalt (corrente di pensiero in psicologia), per cui andando a ritroso nel tempo ed eliminando una certa emozione negativa alla sua origine,partendo dal ricordo che l'ha scaturita, i fatti successivi predominati da quella stessa emozione, non saranno poi più così dolorosi per noi. Ovviamente non è facile e richiede un lungo lavoro di auto analisi, molte volte nemmeno si sa da dove viene quella sensazione negativa che condiziona molte decisioni nella vita. Però se compresa questa tecnica e usata in maniera corretta, può eliminare ansia e incertezza per il futuro, stroncando quelle paure limitanti che sono radicate in noi da un passato recente o remoto.

- TECNICA DELL'INTEGRAZIONE DELLE PARTI, questa tecnica si basa sul concetto che ogni tanto la nostra mente è combattuta sul come agire: da una parte vorremmo fare una cosa, ma dall'altra vorremmo farne un'altra. Ad esempio, chi di noi non si è mai trovato indeciso se troncare una relazione oppure no, oppure cambiare lavoro o farsi andar bene il posto in cui si è, e ancora, uscire per cena e concedersi dei vizi oppure stare a casa e risparmiare. La PNL ci dice che con la tecnica dell'integrazione delle parti, noi possiamo arrivare a far accordare le parti discordanti della nostra mente, in modo da favorire il processo decisionale con più serenità.

- LE SUBMODALITA' VAK, sono ciò che assegnano un significato a ciò che ci circonda. Modificandone il significato, cambieremo anche quello che percepiamo.

- La tecnica del "LEARNING STATE", detta anche "the zone", consiste nell'imparare a stoppare le nostre emozioni negative, e quindi, a sbloccare la nostra mentre e renderla più ricettiva agli stimoli esterni. Così facendo, riusciremo ad elaborare le informazioni ricevute in maniera più razionale senza l'influenza di ansia e pessimismo. La Learning State trova impiego in diversi settori come:

1. nel Mental coaching.

2. Per gli oratori nei comizi pubblici.

3. Nello sport, per migliorare le prestazioni degli atleti.

4. Nell'ipnosi.

5. Nella meditazione e in tutte le tecniche di rilassamento.

I benefici che si hanno usando questa tecnica, sono molteplici, qui sotto ne sono elencati i principali:

- Ridurre la nostra negatività e pessimismo verso noi stessi (fondamentale nella PNL come descritto nei capitoli successivi).

- Prendere coscienza di se stessi e del proprio valore.

- Ridurre lo stress.

- Facilitare la concentrazione.

CAPITOLO 14: PNL come metodo per raggiungere i propri obbiettivi

La PNL, oltre ad offrire un metodo per creare una comunicazione soddisfacente e positiva, offrendo un valido aiuto nell'esposizione delle proprie opinioni, ha come obbiettivo quello di far in modo che gli altri accettino le nostre idee. Abbiamo parlato di come impostare una comunicazione con l'altro e delle tecniche per un'esposizione irresistibile. Adesso ci focalizzeremo su cosa ci spinge a raggiungere il nostro obbiettivo, ovvero su come ottenere ciò che vogliamo. Per prima cosa, per raggiungere un obbiettivo, che in questo caso è quello di persuadere l'altro ad accettare la nostra idea, dobbiamo essere MOTIVATI. Dobbiamo inoltre, come già detto precedentemente, riuscire a ridurre i nostri conflitti interiori in maniera tale da essere il più razionali ed efficienti possibile. Perchè l'obbiettivo sia raggiungibile, dev'essere CHIARO e SENZA

NEGAZIONI al suo interno, se ce ne fossero, l'inconscio si focalizzerebbe sulla parte negativa. Una volta formulato l'obbiettivo, dev'essere definito in base ai sistemi rappresentazionali e, una volta che acquisirà anche un senso non solo per l'inconscio ma anche a livello sensoriale, sarà ancora più impresso in noi. Ad esempio, possiamo rappresentare nella nostra immaginazione il momento in cui raggiungiamo il nostro obbiettivo, questo come si può pensare, non fa che aumentare la nostra carica motivazionale. Per essere raggiungibile, l'obbiettivo, non dev'essere nocivo per noi stessi e nemmeno per gli altri, questo perchè non sarebbe eticamente corretto, e poi perchè, se le motivazioni non sono oneste si potranno incontrare molte resistenze in questo percorso. L'obbiettivo quindi per essere raggiungibile deve avere delle caratteristiche:

- Essere supportato da una valida motivazione

- Essere etico e corretto

- Essere chiaro

- Bisogna aver ben presente quali e quanti sono i mezzi a disposizione per il suo raggiungimento

- Se siamo abbastanza pronti e mentalmente elastici per tentare di raggiungerlo

CAPITOLO 15: La PNL funziona?

Anche se non scientificamente riconosciuta, la PNL nel tempo ha raggiunto un grande successo, e ha trovato largo consenso nelle folle. Ogni tanto però, nonostante la partecipazione ai corsi e le tante letture, non troviamo nessuno giovamento dal metodo. Come mai? Il metodo è una bufala o il problema siamo noi? Le risposte a questa domanda sono molteplici, nel capitolo analizzeremo ognuna di esse, partendo dal presupposto che a volte l'unico ostacolo per raggiungere un obbiettivo siamo noi stessi:

1. *Le convinzioni limitanti*, sono tutte quelle convinzioni che pensiamo corrispondano al vero e che non ci permettono di "spiccare il volo". Le convinzioni hanno un grande potere su di noi, poiché ciò che pensiamo determina il come ci sentiamo, che a sua volta determina il nostro atteggiamento,

influenzando in modo o nell'altro ciò che otteniamo. Per trarre vantaggio dall'utilizzo della PNL bisogna quindi cercare di lavorare sulle convinzioni limitanti. In che modo? Rivalutandole! La rivalutazione avviene mediante quattro step, sotto al quale si analizzano le convinzioni, in modo tale da vederle sotto un'altra ottica, magari più positiva della precedente! Gli step si suddividono in quattro punti, quello astratto (la convinzione vista da un lato più ampio e generale), specifico (convinzione legata ad un episodio), simbolico (immaginando la convinzione come suono, oggetto, colore) e percettivo (come sarebbe avere la convinzione opposta?). Queste domande hanno il compito di focalizzare la nostra attenzione sulle risposte che potremmo avere, cioè sulle variabili che potrebbero avere quindi le nostre convinzioni. Andando più nello specifico, ecco alcuni esempi pratici di convinzioni limitanti, che possono andare dal non sentirsi adeguati in una determinata situazione, o pensare di non meritare ciò che ci accade di buono, o pensare che le cose belle della nostra vita siano portate solo dalla fortuna e ancora, che non riusciamo ad ottenere dei risultati perchè la vita ci ha fornito poche possibilità. Potremmo fare milioni di esempi su quali sono le convinzioni limitanti, il nostro obbiettivo, per contrastarle è quello di trasformarle in convinzioni utili, come il pensare di potercela fare, di essere all'altezza e avere tutte le potenzialità per raggiungere un determinato obbiettivo. Non sempre però siamo consapevoli di aver inglobato in noi delle convinzioni limitanti, come possiamo riconoscerle quindi?

- Un bravo terapista potrebbe aiutarci in questo arduo compito, poiché non è assolutamente semplice auto-identificarle, dato che come già detto, ognuno di noi costruisce all'interno della sua mente la sua verità.

- Facendo caso a quando utilizziamo i più comuni errori della comunicazione, la cancellazione, la distorsione e le generalizzazione.

Ricapitolando quanto detto come possiamo eliminare le convinzioni limitanti dopo averle riconosciute? Con tantissimi metodi:

- Il meta model (riconoscendo gli errori della comunicazione).
- Il Milton model (spiegato nel capitolo precedente).
- Il processo dei quattro step al fine di rivalutare le nostre convinzioni.
- La creazione di nuove convinzioni.
- La tecnica del tempo (vedi capitolo precedente.

- Strategia della mappatura trasversale delle convinzioni limitanti, usando immagini, suoni e simboli che abbiamo nella mente, diamo un significato al mondo. Cambiando le nostre proiezioni mentali, cambieremo anche il nostro modo di vedere la realtà.

2. *Gli ostacoli al cambiamento*, cambiare vuol dire ampliare il proprio punto di vista (senza naturalmente andare contro ai proprio valori), e nella PNL essere elastici e saper vedere le cose da più prospettive è fondamentale. Per avviare il processo del cambiamento, è prima di tutto fondamentale essere fortemente motivati a volerlo fare e, la motivazione è spesso guidata da una necessità o da un bisogno. Se invece non si parla di una scarsa motivazione, ma di una negazione assoluta al bisogno di cambiamento, in questo caso, cambiare risulterà quasi impossibile. Come si crea una motivazione? Immaginando

come potrebbe essere dopo il raggiungimento dell'obbiettivo! C'è inoltre da dire che per essere efficace, il cambiamento deve partire da noi stessi, e non da influenze esterne. Se così fosse, si creerebbero solamente conflitti all'interno della nostra mente con, come risultato, un aumento dello stress e dell' abbandono del nostro obbiettivo. Per ultima cosa, non meno importante, ognuno è il solo e unico protagonista del proprio cambiamento: ognuno di noi è l'unico responsabile della propria vita. Questa consapevolezza e presa di responsabilità, favorirà il cambiamento che stiamo cercando, trovare delle scuse al nostro fallimento, non farà altro che farci allontanare dal nostro obbiettivo.

Se invece ci soffermiamo al metodo PNL rivolto alla comunicazione con gli altri, e lasciamo un attimo da parte le resistenze al metodo riguardanti noi stessi, potremmo individuare alcuni casi in cui il nostro processo fallisce, non perchè dipende da noi, ma perchè l'altro ha delle resistenze nei nostri confronti. Partendo dal presupposto che noi non possiamo agire sul comportamento dell'altro, ma solo sul nostro, con una modifica del nostro comportamento, dovremmo riuscire a portare l'altro ad abbassare le barriere che ha creato nei nostri confronti. Il primo passo è sempre quello di accettare l'ostilità e la diversità dell'altro. Cancellando il conflitto, si instaurerà nuovamente l'armonia che, quindi, sarà un terreno fertile per il ricalco. Vediamo insieme quali sono le resistenze degli altri:

- LE ALTRE PERSONE NON ACCETTANO LE NOVITA' questo indica ovviamente un certo grado di rigidità mentale in loro. Ad esempio, siamo stati assunti in nuovo ufficio in sostituzione a una persona appena andata in pensione, e i colleghi non sono molto predisposti ad accettare la novità che rappresentiamo, poiché ormai il gruppo di lavoro era quello da anni e anni. come possiamo sovvertire la situazione? Innanzi tutto teniamo bene a mente che non dobbiamo metterci in competizione con chi ha delle resistenze verso di noi, inoltre, piuttosto che cercare di sfondare un muro, è meglio aspettare con pazienza che questo crolli da solo, usando la cooperazione con gli altri, ricalcando l'importanza del lavoro di squadra per portare a casa un risultato positivo e condiviso e, mantenendo schemi mentali elastici e dinamici.

- LE ALTRE PERSONE SONO CHIUSE NEI NOSTRI CONFRONTI, come farle aprire con noi? Grinder e Bandler elaborarono la tecnica dell'accumulo. La tecnica si basa sul riempire il nostro interlocutore di domande, senza lasciar che porti a termine il suo discorso, la reazione desiderata è quella di provocare rabbia in lui, così avremmo finalmente una reazione a cui potremmo aggrapparci!

- IL NOSTRO INTERLOCUTORE FA DISCORSI CONFUSIONARI. Ericskon, grazie a degli esperimenti, diede una risposta a questo tipo di comportamento: una persona persa in uno stato di confusione coglierà la prima cosa "sensata" che gli verrà offerta. Questa è una tecnica molto potente, possiamo vederla usata in casi di folle dominate dalla confusione e dal disordine, con persone che dettando informazioni chiare e precise e ne assumono la guida.

- GLI ALTRI NON SONO D'ACCORDO CON

ME

Come gestire il disaccordo?

- Accettiamo opinioni diverse dalle nostre.

- Proviamo a cogliere l'emozione che muove l'altra persona a rifiutare la nostra idea.

- Proviamo a esporre le nostre idee tramite racconti o storie. Durante l'esposizione inevitabilmente l'inconscio creerà dei collegamenti.

- Interessiamoci del motivo per cui l'altro è in disaccordo con noi e cerchiamo do capire, chiedendoglielo, di quali elementi avrebbe bisogno per cambiare opinione.

- Ricordiamo all'altro, nel caso stesse tergiversando una risposta, che onde evitare una compromissione della situazione, è bene arrivare ad un punto.

- Perseveriamo nell'esposizione delle nostre convinzioni

- Perseveriamo nell'esposizione delle nostre convinzioni

CAPITOLO 16: Etica e PNL

Come spiegato più volte, uno dei pilastri del pensiero della PNL è che la mente reagisce con deteminate emozioni e quindi comportamenti agli stimoli che noi inviamo. Richard Bandler e John Grinder hanno scoperto che ognuno mette in atto un processo mentale nel prendere decisioni. Se noi conoscessimo i processi mentali che un'altra persona inconsciamente usa, ci basterebbe guidarla, grazie alle strategie che la PNL ci fornisce, per ottenere le reazioni desiderate.

Si tratta quindi di tentativo di manipolazione? Se l'uso della PNL ha come scopo quello di rendere il nostro rapporto gratificante e armonioso, facendo leva sullo sviluppo delle abilità comunicative, sulla conoscenza dei concetti della nostra mente e sulle preferenze dell'altro, allora la PNL può essere considerata un valido alleato nella nostra quotidianità. Se invece la PNL viene vista come un modo per raggiungere in maniera subdola e disonesta i propri scopi, prevaricando l'altro, allora ovviamente non è etico il suo uso, e ciò che negli anni Bandler e Grinder hanno cercato di sviluppare sarà stato vano. Come in tutte le cose, la scelta del tipo di condotta da assumere dipende dal singolo individuo, sta a noi scegliere se vedere la PNL come uno strumento per aiutare e creare armonia intorno a noi o, un mezzo per distruggere e manipolare, ricordando al lettore che per la legge della reciprocità, ciò che diamo ci verrà restituito.

CAPITOLO 17: Dalla teoria alla pratica

In quest'ultima parte del libro, voglio illustrarvi alcuni consigli pratici per mettere in atto i concetto teorici di cui abbiamo parlato nel libro. Ovviamente comprendere la PNL non è così immediato, i termini e le definizioni sono spesso difficili da comprendere e ciò che viene teorizzato è sicuramente molto impegnativo da mettere in pratica. Inoltre come già detto la PNL non è un metodo approvato scientificamente, nonostante ciò in pochi anni ha saputo coinvolgere milioni di persone e molte di esse hanno trovato dei benefici professionali e personali dopo averla studiata e applicata. Il metodo richiede pazienza, pratica, interesse e studio, esistono infatti moltissimi libri e corsi che trattano l'argomento. Vediamo ora qualche consiglio pratico

1. Quando tentiamo di usare la tecnica del ricalco, è sicuramente più semplice iniziare da chi conosciamo. Durante la conversazione, l'elemento più semplice da ricalcare è la velocità del parlato. Pian piano, quando metteremo in atto questo processo in maniera automatica, potremmo concentraci sul tono della voce, sull'accento, sulle parole usate e sui sistemi rappresentazionali a cui sono collegate. In altre parole, bisogna iniziare a camminare prima di correre!

2. Diventeremo esperti nel ricalco quando riusciremo a mettere in atto la tecnica senza pensarci su, come quando guidiamo un'automobile e inseriamo le marce automaticamente, senza soffermarci a guardare il cambio.

3. Man mano che ricalchiamo, e quindi ci identifichiamo con lo schema comunicativo dell'altra persona, a nostra volta cambiamo il nostro. Da cosa ce ne renderemo conto? Riusciremo quasi ad anticipare il concetto che l'altra persona ci vuole esporre. Questa sorta di "feeling" si crea spesso e quasi inconsciamente con le persone simili a noi, che viaggiano sulla nostra stessa lunghezza d'onda. Vi è mai capitato di dire a un carissimo amico "so già cosa mi vuoi dire?" o "stavo pensando la stessa cosa!".

4. Ricalcare non è affatto semplice! Dovremmo allenarci frequentemente e costantemente per ottenere dei risultati. Oltre ad esercitarci con chi conosciamo bene, possiamo anche provare a imitare l'atteggiamento, il tono, il modo di parlare e di muoversi di personaggi televisivi. Dalla comodità del nostro divano potremmo

affinare l'arte del ricalco, avendo tempo e tentativi illimitati.

5. Poniamo grande attenzione alle parole che i nostri interlocutori utilizzano per descrivere ciò che stanno dicendo: le parole ci ricollegano ai sensi e quindi ai sistemi rappresentazionali. All'inizio potrebbe essere più semplice appuntarsi su ciò che viene colto nelle conversazioni.

6. Parafrasare e quindi ripetere in altri termini le frasi dette dal nostro interlocutore è un'importante strumento della tecnica del ricalco.

7. Quando nel discorso vogliamo indagare e cogliere le motivazioni del comportamento dell'altro, sarebbe meglio non chiedere direttamente perchè, ma usare avverbi

meno "diretti", chiedendo che cosa, come, chi, quando, dove. Andare dritti al perchè molte volte induce l'altro a innalzare un muro al dialogo con noi.

8. Dopo aver calibrato, creato un rapport solido, proviamo a comunicare all'altro la nostra idea. Magari non avremmo subito successo, ma pian piano, se i processi prima sono stati eseguiti in maniera corretta, avremmo successo!

9. Osserviamo attentamente come le persone che ci circondano prendono le decisioni. Hanno bisogno di alternative? Hanno bisogno di poco o molto tempo? Verificano i risultati ottenuti? Ecco una volta colto lo schema decisionale degli altri, proviamo a farlo nostro e, quando presenteremo la nostra idea, seguendo lo schema appena

appreso, riusciremo con meno difficoltà ad ottenere consensi.

10. Attenzione a non far caso ai suggerimenti nascosti che ci vengono dati dagli altri, cioè tutto ciò che viene detto tra le righe e che sta noi avere l'arguzia di cogliere. A volte possono essere negativi, altri positivi, sicuramente richiamano emozioni a livello inconscio (ad esempio la pubblicità).

11. Quando non ci troviamo d'accordo con l'altro, iniziamo la ricerca di qualcosa che ci accomuna, nella PNL ridurre le differenze vuol dire accorciare le distanze.

12. Cerchiamo di non porci sulla difensiva quando qualcuno ci attacca o non approva le nostre idee. Come già detto più e più volte, per usare efficacemente il metodo PNL è importante rimanere elastici e aver

la capacità di vedere le cose da più punti di vista. Il senso di fallimento agisce a livello inconscio e non ci permette di mettere in atto le strategie imparate. Controllare le nostre emozioni ed essere in pace con noi stessi è fondamentale per creare un rapporto solido e positivo con gli altri.

13. Utilizzare l'ironia può essere un'arma molto valida contro le resistenze.

Concludendo, la PNL è un valido strumento, che se usato con accortezza, impegno, dedizione e studio può dimostrarsi un valido alleato nella vita di tutti i giorni.

IL LINGUAGGIO DEL CORPO

CAPITOLO 1: La comunicazione

Il termine comunicazione, deriva dal latino communis, che significa condivisione. Il significato, se si prende in considerazione l'etimologia della parola, è quindi quello di una sorta di atto condiviso tra le persone. Il dott. Goffman, nel 1969, la definì come *tutto ciò che avviene quando le persone sono insieme*", la Scuola di Palo Alto (U.S.A.), con la sua teoria sistemico–relazionale, definisce la comunicazione come "processo e sistema di scambi che avviene dentro ad un sistema". Per sistema si intende "un insieme di soggetti o componenti (individui) con delle specifiche caratteristiche e ruoli ,le cui relazioni tengono in piedi il sistema stesso", in altre parole, il sistema è un gruppo o una coppia oppure un' organizzazione. La comunicazione, oltre a essere un atto di scambio di dati, è anche un comportamento, poiché l'individuo non solo la produce, ma ne diventa parte attiva. In sintesi, comunicazione significa partecipazione ad un sistema di interazioni e relazioni, costituiti da regole, accettate sia coscientemente che non, da tutti i partecipanti. Le informazioni possono essere sia di carattere verbale che simbolico. Nel libro, vedremo come, attraverso la comunicazione (specificatamente quella non verbale), possiamo influenzare il comportamento. Sempre la scuola di Palo Alto in California, ha fornito cinque assiomi, ovvero regole inconfutabili, sulla comunicazione.

1. NON COMINICARE E' IMPOSSIBILE
come abbiamo già detto, ogni comportamento è comunicazione, anche il mutismo o l'immobilità hanno un significato. Ad esempio, entrare in una stanza senza salutare e guardare negli occhi che c'è all'interno, è una forma di comunicazione, i significati possono essere i più vari, ma ciò che è importante capire, è che noi individui in ogni momento della nostra vita, anche

inconsapevolmente, siamo mittenti di messaggi

2. OGNI COMUNICAZIONE VIAGGIA SU DUE LIVELLI, QUELLO DEL CONTENUTO E QUELLO RELAZIONALE E, IL SECONDO CONZIONA IL PRIMO (METACOMUNICAZIONE). Mentre possiamo definire il contenuto come la raccolta dei dati o l'informazione in sé che viene scambiata all'interno del sistema, il livello relazionale trova radici dalla nostra emotività e si definisce per la maggior parte delle volte con modalità di linguaggio non verbale. Ad esempio, offrire un caffè ad un amico o offrirlo al capo al lavoro, avrà probabilmente una frase con lo stesso contenuto verbale, ma con una modalità non verbale differente (sguardi, sorrisi, distanziamento del corpo, ecc..). Il fatto che relazione e contenuto siano in armonia tra loro, è fondamentale per rafforzare il

messaggio e trasmettere sicurezza e affidabilità. Se le due componenti sono in contrasto, a parte l'indebolimento del messaggio stesso, si potrebbe creare della confusione sino a portare del disaccordo all'interno del sistema.

3. LA PUNTEGGIATURA TRA LE SEQUENZE DEI DATI DEL MESSAGGIO E' FONDAMENTALE. Per punteggiatura si intende quello che noi chiamiamo percepire "tra le righe", ovvero tutte quelle sfumature all'interno della comunicazione che captiamo e che ci aiutano a dare un'interpretazione del tutto.

4. LA COMUNICAZIONE HA SIA UNA MODALITA' NUMERICA CHE ANALOGICA. Per modalità numerica si intende il linguaggio verbale, e quindi tutto ciò che è definibile convenzionalmente con

parole, per modalità analogica, si intende il linguaggio non verbale, che comprende la mimica, la postura del corpo, il tono della voce, il modo in cui le parole vengono pronunciate, il modo di guardare, le pause tra una parola e l'altra, l'acutezza e la profondità della voce, ecc... Il linguaggio verbale è efficiente e efficace nell'esposizione di concetti e comandi, ma la parte emotiva e relazionale viene data dal linguaggio non verbale, che è spesso non controllabile e involontario.

5. LA COMUNICAZIONE PUO' ESSERE SIA SIMMETRICA CHE COMPLEMENTARE. Vuol dire che se la comunicazione è simmetrica, gli individui componenti il sistema sono sullo stesso piano (es. colleghi, fratelli, amici), se è invece complementare, gli individui sono su piani differenti (direttore-dipendente, madre-figlio, medico-paziente). Ci sono quindi più

combinazioni di comunicazione in cui l'uno o l'altro sono in supremazia e/o sottomissione.

CAPITOLO 2: Il linguaggio non verbale

Secondo Sapir (1921), la comunicazione non verbale può essere definita come *"un codice elaborato non scritto e non parlato, ma da tutti compreso"*. Per cui, da cosa è composta la CNV? Da comportamenti, azioni e gesti in grado di trasmettere informazioni, ad esempio, il timbro, lo stile e il ritmo della voce, la posizione del corpo, la gestualità e l'espressione del viso, il movimento all'interno dello spazio e i tempi in cui avviene la comunicazione. La CNV ha la peculiarità di esprimere emozioni, più che formulare concetti o ordini, e il suo massimo risalto si ha nelle situazioni più confidenziali o al contrario in quelle più formali. Ad esempio durante un colloquio di lavoro, dove la postura, lo sguardo o le pause nel parlato possono rivelare molto, o durante un appuntamento romantico, dove la posizione nello spazio, il contatto o il tono della voce possono fare la differenza. Inoltre, partendo dal presupposto, come già detto prima, che la CNV è fortemente influenzata dall'inconscio, ed è inconsapevole e involontaria, può fornire davvero molte informazioni veritiere sia su di noi, che sul nostro interlocutore, ancor prima di proferir parola. Da quest'ultima affermazione, si può quindi affermare che la CNV è il tipo di comunicazione più affidabile, spontanea e sincera, anche se non bisogna dimenticare che è in una certa misura influenzabile dal contesto socioculturale, dall'educazione e dalla genetica. Il linguaggio del corpo, è definito dagli studiosi come "lo specchio dell'anima", potente, diretto e veritiero.

CAPITOLO 3: I canali della CNV

Secondo Argyle (1972) la comunicazione non verbale, avviene attraverso vari canali.

- VOCALE. Il sistema vocale non prende in considerazione la parola come insieme di lettere, ma tutte quelle sfaccettature che caratterizzano la voce, l'intensità del suono, l'intonazione, il timbro, la velocità del parlato, i riflessi fisiologici come il rutto, il singhiozzo, la tosse oppure la risata o il pianto. Tutte queste proprietà che caratterizzano le parole dette, variano in base alla situazione, all'ambiente e alle persone. Facendo caso al sistema vocale, è possibile captare lo stato emozionale dell'interlocutore, diversi studi hanno evidenziato che, ad esempio, in una situazione di c1ollera, si ha un aumento dell'intensità della voce, le pause tra una parola e l'altra si riducono sino a quasi scomparire. Gli aspetti non verbali del parlato sono stati indagati da Ricci Bitti che afferma che, le persone non comunicano solamente attraverso l'enunciato di concetti, ma attraverso sottili sfaccettature (ma importantissime) caratteristiche del linguaggio, che Trader chiama comunicazione, e sono: riso, pianto, sospiro, sbadiglio, intensità, timbro ed estensione della voce, suoni vari (uh, mah, boh, ecc..). Questi aspetti non verbali, devono sempre essere messi in comparazione con altri aspetti che Laver e Trudgill chiamano indicatori che sono di natura sociale, economica, fisica, ambientale, status, e caratteristiche psicologiche delle persone. Ciascun indicatore può influenzare il significato del linguaggio para - verbale.

- CINESICO. La cinesica è la scienza che

studia la mimica facciale, la gestualità e la postura del corpo. La mimica facciale è solitamente, uno dei lati che desta più interesse durante la comunicazione, basti pensare, ad esempio, ai neonati e all'importanza che assume per essi nei primi mesi di vita, quando parlare è impossibile. Il dott. Ekman secondo cui, le espressioni facciali sono "la manifestazione immediata e non richiesta delle emozioni basilari", sono parte di tutti gli esseri umani, a prescindere dalla cultura, e abbastanza immediati da interpretare, anche se poi ogni contesto geografico – culturale e il carattere stesso di ognuno, influenza le persone a gestirle in maniera differente: a volte tentiamo di controllare l'emozione che stiamo provando (ad esempio la rabbia), oppure cerchiamo di enfatizzarla (ad esempio la gioia). Per quel che riguarda lo sguardo, la sua direzione e la intensità possono rivelare molto. Solitamente si preferisce guardare che essere visti e, nella quotidianità, chi parla meno, tende a guardare di più. Al contrario, non essere guardati affatto può avere vari significati all'interno della comunicazione, quasi sempre quello di scarso interesse verso il messaggio. I teorici della comunicazione ci dicono infatti che un buon comunicatore dovrebbe cercare di direzionare il suo sguardo verso tutti i componenti del sistema, in modo da coinvolgere tutti. E' stato visto che la durata normale di uno sguardo dura pochi secondi, più prolungato nel tempo sottintende un rapporto relazionale più intimo, come quello tra famigliari, amanti o amici. Al contrario, uno sguardo fisso e persistenze può provocare disagio e sensazione di sfida o minaccia.

Tutto ciò che è stato detto naturalmente varia anche in base al contesto socio – culturale: in occidente uno sguardo diretto è interpretato come un segno di normalità e affidabilità, mentre evitare di guardare viene visto come segno di sottomissione, paura e timidezza. In Oriente invece, evitare lo sguardo viene visto come una forma di formalità e rispetto verso il prossimo e, il contrario viene riservato ai rapporti più intimi, nel mondo Islamico lo sguardo viene influenzato dal sesso: guardarsi negli occhi è permesso solo tra uomini. Infine, è stato visto che le donne tendono a usare più lo sguardo rispetto agli uomini, soprattutto durante la seduzione. La Cinesica, infine, si occupa anche della postura del corpo e dei gesti eseguiti da ciascun individuo durante la comunicazione. Anche qui, possiamo dire che postura e gestualità subiscono l'influenza dell'ambiente e dalla componente soggettiva e, hanno la caratteristica di rafforzare (o indebolire) il significato del messaggio inviato all'interlocutore. Tutti noi abbiamo il controllo dei movimenti del nostro corpo, anche se, è stato visto che man mano che si va verso l'estremità (ad esempio mani e piedi) possono esserci dei movimenti involontari, guidati direttamente dall'inconscio e molte volte rivelatori rispetto al nostro stato d'animo. La posizione delle gambe e delle mani possono rivelare molto sull'apertura al dialogo tra i componenti del sistema: le gambe incrociate o le mani in tasca possono essere segno di chiusura verso l'altro, al contrario, i palmi delle mani aperti, o la stretta di mano possono essere indizio di apertura. Bisogna però sempre considerare anche il contesto geografico: gli orientali interpretano un eccesso di gestualità come invadenza, non mettere le mani in mostra è per loro normale. Inoltre, anche i cenni del capo per affermare o negare non sono universali ma subiscono l'influenza del contesto: in alcuni regioni dell'est Europa scuotere il capo vuol dire affermare.

- LA PROSSEMICA, è la scienza che si occupa dello studio della percezione che l'individuo ha dello spazio. In questo, ogni essere umano è aiutato dai suoi cinque sensi (udito, vista, olfatto, tatto e gusto), anche se alcune volte non li usiamo, generalizzando alcuni dati. Ad esempio, chi sa dire con certezza la forma del naso di tutte le persone osservate durante la giornata? Più siamo fisicamente lontani nello spazio e più il nostro "incontro" è breve, e più è difficile percepire l'altro nello spazio in maniera precisa. Hall negli anni '60, ha classificato le distanze tra i componenti del sistema, ovvero, una distanza di oltre quattro metri circa, indica una situazione ufficiale, come ad esempio quella di un congresso, una distanza più corta ma non troppo, sino a un metro, indica un rapporto formale, come quello mantenuto in una situazione lavorativa. In situazioni più intime, come nella propria casa con amici e famigliari, la distanza si accorcia ancora, sino a diventare quasi impercettibile, sino ad avere in contatto. Il tocco è una delle abilità che l'essere umano sviluppa più velocemente, basti pensare ai bambini e al loro "capire" il mondo toccando gli oggetti che hanno attorno. Vari studi evidenziano che gli uomini preferiscono meno essere toccati rispetto alle donne, e queste ultime tendono invece a ridurre la distanza sociali con i loro interlocutori, inoltre, nelle situazioni più formali vengono toccati solo alcuni punti, come le spalle e le mani, il contatto con altri punti, se non fatto da persone facenti parte della sfera intima della persona, può essere considerato fastidioso e inopportuno. Il contatto inoltre può specificare l' assimetria del rapporto: la persona dominante tende a toccare più frequentemente un suo sottoposto, al contrario può determinarne la simmetria, come la stretta di mano o l'abbraccio. Gli individuo tendono a preferire la vicinanza di persone simili.

- L'ASPETTO ESTERIORE, secondo Goffman, le persone tendono a voler influenzare l'impressione che gli altri hanno di loro. L'aspetto esteriore ha un ruolo fondamentale in tutto questo, ne sono un esempio i colloqui di lavoro, le uscite in pubblico, ecc.. In sintesi, secondo Goffman, tutti noi cerchiamo in misura diversa il favore degli altri. Per riuscire nell'intento e dimostrare il nostro status o appartenenza a gruppo sociale o essere adeguati alla situazione e al contesto, facciamo leva sul nostro aspetto. Ne sono un esempio la scelta dell'abbigliamento, del trucco, dell'acconciatura, dei colori e delle misure di ciò che indossiamo. Sempre secondo Goffman, nel nostro tentativo di cura dell'aspetto esteriore, ricerchiamo la bellezza, la quale è composta da fattori naturali, come le proporzioni, i lineamenti, e tutte quelle caratteristiche intrinseche del nostro corpo, e da fattori estrinseci, cioè che apportiamo noi al nostro corpo, come il tipo di trucco scelto in base a cosa vogliamo far risaltare o meno o l'indumento appropriato per esaltare le linee o nasconderne altre. In natura, l'aspetto esteriore è il mezzo principale utilizzato dagli animali per comunicare.

CAPITOLO 4: Il linguaggio del volto

Il dott. Paul Ekman, docente di psicologia presso l'University of California Medical School di San Francisco, diventato famoso per l'invenzione del metodo FACS (Facial Action Coding System), ha dato vita ad un sistema che permettesse di decifrare il linguaggio del volto, osservandone la mimica, più specificatamente i movimenti dei muscoli del viso, che ognuno di noi contrae o rilassa involontariamente. Il metodo Elkam è studiato nelle Università e preso in considerazione dai più importanti sistemi investigativi come CIA e FBI, conosciuto nel mondo del marketing, della comunicazione e in psicologia. Ekman, in collaborazione con Friesen, definì nel 1968, che il linguaggio non verbale è il mezzo principale per comunicare ciò che proviamo ai nostri interlocutori. Ekman però, non fu il primo a interessarsi alla mimica facciale, anche nel 1872 Charles Darwin, espresse la sua teoria nell'opera *"L'espressione delle emozioni*

113

nell'uomo e negli altri animali". Secondo Darwin, come avviene negli animali, le espressioni facciali nell'essere umano, sono innate e frutto dell'evoluzione stessa, per cui sono universali (prescindono da cultura e ambiente). Con Darwin lo studio delle emozioni, assume un carattere più scientifico, e diventa argomento di interesse di molti. Ad esempio Tomkins, classificò le emozioni in due gruppi diversi: quelle negative (rabbia, disgusto,vergogna, paura e angoscia) e positive (felicità, sorpresa e interesse), queste, secondo lo studioso, sono le emozioni basilari che ogni individuo possiede e che sono innate in ognuno di noi.

Ekman, successivamente, prendendo spunto dalle prime teorie, disse che le emozioni, e quindi le loro rappresentazioni espressive nella mimica facciale, sono di due tipi, il primo ha un origine genetica e il secondo viene formato dall'ambiente, dell'educazione e da tutti quei fattori esterni a noi. Se si prende in considerazione il primo tipo, Ekman compara il nostro sistema neurologico ad un computer: per ogni espressione esiste uno specifico programma neuronale. Il volto, all'interno del processo comunicativo, è il punto dove convergono le maggiori informazioni sensoriali, e quindi, per comprendere il linguaggio del corpo è fondamentale tenere in considerazione l'importanza della mimica facciale. Sempre secondo Ekman, se consideriamo il primo tipo di espressione (quello innato), sono evidenziabili diversi tipi di emozioni principali, da cui poi originano molte altre:

- Sorpresa

- Paura

- Rabbia

- Disgusto

- Tristezza

- Felicità

- Disprezzo

- Senso di colpa

- Vergogna

- Imbarazzo

Adesso, vediamo in pratica, quali le espressioni del viso tipiche che contraddistinguono le emozioni più comuni negli individui, secondo lo studio del metodo FACS:

- Divertimento, comprende un sorriso, il movimento del capo all'indietro e sguardo verso l'alto.

- L''imbarazzo, con labbra contratte e sguardo basso e il capo che si muove da sinistra verso il basso.

- La vergogna, con sguardo e capo abbassati.

- Dolore, con sopracciglia abbassate, occhi chiusi, labbra contratte con il labbro superiore in posizione prominente.

- Simpatia, con movimenti del capo in avanti

e sopracciglia oblique.

- Disprezzo di sé, con l'angolo del labbro tirato, capo e sguardo abbassati,

- Senso di colpa, secondo il FACS quest'emozione ha incorporate in sé le espressioni facciali della simpatia, dolore e disprezzo di sé.

Se ci concentriamo sulle emozioni positive, secondo Ekman, ne esistono almeno sedici e tra loro le differenze sono davvero sottili. Ad esempio, non tanto dal movimento della muscolatura ma dalla caratteristica dell'emissione del tono del suono della voce. Dopo vari studi, il metodo FACS è ormai convalidato e usato in tutto il mondo, e sembra essere efficace come metodo predittivo delle emozioni degli individui. Sebbene sia stata dimostrata la sua universalità, grazie a numerosi esperimenti condotti da Ekman e Friser in persona, esiste una piccolissima variabile emozionale non quantificabile scientificamente, ossia, tutto ciò che riguarda il temperamento caratteriale e le caratteristiche della personalità dell'individuo. Possiamo quindi concludere che le tecniche messe in uso nello studio della comprensione della mimica facciale, hanno lo scopo di comprendere la personalità dell'individuo. Queste teorie trovano impiego in numerosi capi. Quali? Qui sotto ne citeremo alcuni:

- Sicurezza Nazionale
- Risorse Umane
- Formazione
- Coaching
- Sport
- Counselling
- Vendite e acquisti
- Management
- Negoziazione

- Indagini investigative

- Ricerca di mercato e settore marketing

- Crescita personale

- Terapia psicologica

Il metodo FACS, fornisce sia un metodo per la misurazione della modifica della muscolatura facciale, che uno per valutare la qualità dell'informazione prodotta tramite l'espressione. Ekman e Friesen hanno stabilito più di dieci mila combinazioni di movimenti muscolari del volto,

Come differenziare i movimenti tra loro? Sono stati suddivisi in quattordici unità, basate sulla direzionalità dello sguardo e sulla direzione del viso, con dei punteggi che rispondono a determinate caratteristiche. Viene presa in considerazione anche la durata di un'espressione, l'intensità dell'espressione e la simmetria dei due emilati del viso. Tutte le variabili sono impostate in un database, e tramite l'assegnazione di un punteggio è possibile comprendere il tipo di emozione che prova il nostro interlocutore. Nel metodo FACS i fattori come pianto, sudorazione e riso non vengono presi in considerazione e non influenzano il punteggio.

CAPITOLO 5: Il linguaggio del corpo

Anche il corpo, possiede un suo linguaggio, ed oggetto di molti studi comprenderne il significato. La postura ci indirizza sull'intensità dell'emozione ma non la identifica, inoltre, rispetto alla mimica facciale e alla componente paralinguistica, è ancor meno controllabile. Partendo dal presupposto che il corpo non mente mai, comprendendo il linguaggio del corpo, possiamo cogliere a fondo la reale essenza delle persone con cui ci rapportiamo. Secondo Lowen l'atteggiamento del nostro corpo riflette la nostra natura. Il linguaggio del corpo, al contrario delle parole, non mente, e quindi, se diventeremo dei bravi osservatori e riusciremo a comprenderne i punti chiave, riusciremo ad avere un' idea il più possibile veritiera rispetto allo stato d'animo dell'altro. Ad esempio, se con il capo chino e le spalle abbassate diciamo che siamo molto allegri, mentendo, il nostro interlocutore, se attento osservatore, interessato a noi, potrà facilmente capire che si tratta di una menzogna e del tentativo di nascondere il nostro vero stato d'animo. Al contrario, se viviamo una reale sensazione di felicità, il nostro corpo dovrà esserne lo specchio: lo sguardo vivace, i movimenti scattanti, i lineamenti distesi, ecc.. L'essere umano, nel corso della storia, ha acquisito una grande abilità nel controllo delle parole, una grossa lacuna rimane il controllo del corpo. Ci sono però alcuni aspetti più controllabili di altri. Se è vero che quando si mente all'interno della nostra testa si crea una lotta tra consapevolezza e inconscio, che nella realtà si manifesta con contraddizioni del comportamento, lo studioso Desmond Morris, ha stabilito una classifica di elementi non verbali non controllabili (in ordine crescente):

1. Riflessi spontanei, come rabbrividire, sudare, impallidire e arrossire (derivano da stimoli fisiologici e quindi impossibili da governare).

2. Movimento di piedi e arti inferiori (tendiamo a tralasciare questa parte del corpo e concentrarci di più verso quella superiore).

3. Movimenti del busto

4. Movimenti delle mani atipici rispetto alla normalità dell'individuo preso in considerazione.

5. Mimica facciale.

6. Parole

Il corpo ha quattro principali orientazioni nello spazio rispetto ad un altro individuo con cui sta o deve comunicare:

- Frontale, cioè faccia a faccia, indica intimità o al contrario, rapporto gerarchico tra gli individui.

- Di fianco, indica collaborazione o comunque un rapporto amichevole

- Un interlocutore più in alto dell'altro , espressione di gerarchia

- Uno dei due interlocutori inchinati verso l'altro, indica apertura al dialogo.

Nella comprensione del linguaggio del corpo, da non sottovalutare la prossemica, ovvero come detto in precedenza, lo spazio che un corpo occupa. Più le distanze si riducono e più il rapporto potrà sembrare amichevole e intimo. Esiste poi uno studio sulle posture del corpo, che ne evidenzia tre tipi:

- Eretta

- Seduta

- Coricata

Da queste tre classi, si diramano più di cento tipi di posture differenti, con ognuna il suo significato:

- Braccia incrociate significa auto - protezione.

- Stringere un tratto di indumento, significa aver paura per sé stessi.

- Fare spallucce, significa resa.

- Gambe accavallate, significa proteggersi.

- Bacino immobile, può voler dire inibizione sessuale.

- Rigidità del tronco, significa situazione recepita come formale.

- Ammiccare, gesto di empatia e di distensione e in base alla lateralità può variare il suo significato: con l'occhio destro (si chiude), prevalenza di razionalità. Al contrario, l'occhio sinistro si chiuse, il sentimento prende il sopravvento, strizzare entrambi gli occhi può invece significare incoraggiare l'altro.

- Appoggiare le mani ai fianchi alzando le spalle, significa sconcerto.

- Spalle basse e tronco curvo, danno l' idea di afflizione e tristezza.

- Il busto eretto con torace di fuori, rende l'idea di sicurezza

- Le mani in tasca o nascoste dietro la schiena, danno l'idea di voler nascondere qualcosa

- Incrociare le braccia può voler significare distacco

Esistono tantissime combinazioni di posizioni in natura, la vera cosa fondamentale è quella di considerare la persona nel suo insieme e non un singolo elemento alla volta, altrimenti potremmo essere fuorviati.

CAPITOLO 6: Come comprendere gli altri?

Esistono delle caratteristiche fondamentali da osservare nel nostro interlocutore, quando ci accingiamo a interpretare la sua comunicazione non verbale, e quindi, le sue emozioni. In questo capitolo ne elencheremo quattro tra le più importanti:

1. APERTURA O CHIUSURA DEL CORPO, indicano la disponibilità o meno nei nostri confronti, e quindi quanto l'altra persona, sia predisposta alla comunicazione con noi. Degli indicatori di apertura sono: arti superiori rilassati, palmi delle mani in vista, nulla che copra parti del corpo o viso e arti inferiori non incrociati. Mentre, tutti i comportamenti opposti a quelli sopra elencati, corrispondono ad un atteggiamento di chiusura e quindi rendono

l'idea di poca disponibilità all'interazione. A volte però, la chiusura può essere rivolta alla situazione e al contesto, ostile rispetto al nostro interlocutore, e non rivolta a noi.

2. DOV'E' RIVOLTO IL CORPO? Per avere un' idea del grado di apertura del nostro interlocutore verso di noi, oltre a valutare la posizione del suo corpo. Dobbiamo anche essere in grado di capire in quale misura il suo corpo è rivolto verso di noi. Il grado in cui una persona si rivolge all'altra con il corpo e con lo sguardo, è direttamente proporzionale alla predisposizione all'apertura verso l'altro. Ad esempio, mentre ascoltiamo un interessantissima notizia al telegiornale, il nostro corpo, il nostro viso e i nostri occhi sono rivolti e tendenzialmente piegati in avanti verso lo schermo della tv. La direzionalità del corpo indica il reale interesse verso l'altro, più di quanto non facciano le parole. Facciamo

un altro esempio, Marco e Luca stanno parlando, Marco racconta a Luca l'itinerario della sua ultima vacanza, nel mentre passa nel corridoio una bellissima ragazza e Luca si gira a guardarla. In quel momento, l'attenzione e l'interesse di Luca, non sono più rivolti a Marco, ma alla bella ragazza appena passata. La direzionalità del corpo, è molto difficile da controllare costantemente, basti pensare a noi e all'evenienza di dover controllare i nostri movimenti durante l'intero corso della giornata. Sarebbe presso che impossibile!! Quali sono gli atteggiamenti che in questo caso possiamo ritenere positivi? Quando durante la comunicazione il nostro interlocutore tende a seguirci se ci muoviamo, quando sia sguardo che corpo sono rivolti verso di noi, ecc..

3. LA PROSSEMICA la gestione dello spazio all'interno della comunicazione, può

rivelare molte cose sul nostro interlocutore. Come detto nei capitoli precedenti, più lo spazio diminuisce e più un rapporto tende a essere sempre meno formale e più amichevole, per cui se il nostro interlocutore cerca di mettere il più distanza possibile da noi, vuol dire che c'è un atteggiamento di chiusura da parte sua. I nostri movimenti sono per lo più dei riflessi automatici, e quindi, veritieri sullo stato delle nostre emozioni.

4. IL TOCCO, toccare qualcuno, o comunque cercare il contatto fisico con quest'ultimo, è sicuramente un segnale positivo all'interno della comunicazione: il contatto fisico indica una predisposizione all'interazione con l'altro, ad esempio, una pacca sulla spalla da parte del datore di lavoro, può star a significare un certo tipo di gradimento nel lavoro svolto, oppure due

ragazzi che si tengono per mano durante un appuntamento, può indicare attrazione o intesa. In ogni caso il contatto fisico elimina molte barriere della comunicazione e indica predisposizione all'interazione da parte di tutti i soggetti. Il contatto assume ancora più valore quando è fatto senza un preciso motivo o casualmente, poiché segnala inequivocabilmente un'apertura verso il prossimo, visto che essendo involontario è direttamente collegato all'inconscio. Nell'atto della seduzione, il contatto gioca un ruolo preponderante, basti pensare al tocco delle mani, o sistemare la cravatta all'altro, o appoggiare il capo alla spalla di un'altra persona, ecc.. Naturalmente, questo segnale è positivo anche se è frutto di ragionamento logico e razionalità.

Come possiamo valutare il nostro stato di gradimento rispetto al nostro interlocutore?

Possiamo innanzi tutto osservare i suoi comportamenti, concentrandoci sui punti sopra elencati, e poi, possiamo verificare tramite la messa in atto di ciò che abbiamo detto essere un segnale positivo. Ad esempio, possiamo provare ad avvicinarci a lui, e vedere la sua reazione. Se la reazione è di allontanamento, probabilmente la comunicazione ha qualche falla, nel caso contrario, potremmo sfiorarlo per continuare a sondare il terreno. La cosa importante, è che queste verifiche devono essere fatte dopo un'attenta osservazione e molto lentamente, procedendo a piccoli passi, in modo da non pregiudicare la comunicazione in partenza. Ad esempio, avvicinarsi con foga in maniera troppo diretta, potrebbe creare fastidio e disagio nell'interlocutore, sarebbe bene avvicinarsi pian piano, magari mettendosi a fianco e poi, solo in un secondo momento di fronte. Prima di sfiorare l'interlocutore, sarebbe bene iniziare a gesticolare, in modo da osservare la sua reazione delle nostre mani all'interno dello spazio condiviso, se la risposta è positiva, si può provare a mettere in atto un contatto fisico, naturalmente di pochi secondi, in modo da non infastidire e osservare la sua reazione: si irrigidisce? Si allontana? Ricambia? Non fa nulla? Se sin qui l'altra persona ha risposto positivamente ai nostri tentativi di verifica, possiamo star tranquilli e contare su un atteggiamento accogliente nei nostri confronti. Se così non fosse, non scoraggiamoci, continuiamo a osservare e a ricercare un punto di accordo con lui, ritentando al momento più opportuno.

Come possiamo evitare gli errori di interpretazione del linguaggio del corpo?

Ovviamente, come in tutte le cose, l'esperienza e la pratica aiuteranno a fare meno errori, anche se esistono delle linee da seguire per non incappare negli sbagli: interpretare erroneamente un messaggio o una comunicazione, può avere delle influenze nel nostro rapporto interpersonale. Ecco qui elencate alcune regole:

- Valutare anche i segnali che ci sembrano meno utili: l'essenza del comportamento e quindi della persona derivano dall'inconscio, che prescinde da tutto ciò che è costruito e razionale. Ad esempio concentriamoci sul ticchettio dei piedi o sull'immobilità esagerata delle gambe.

- Valutare solo veri segnali, non tutto è un segnale da decifrare: se in piena estate, il nostro interlocutore è sudato, probabilmente non sarà ansioso o solo accaldato, oppure se è molto vicino a noi probabilmente le misure dello spazio occupato sono davvero piccole.

- Osservare attentamente prima di tentare di interpretare, e dopo averlo fatto, concentrarsi sui segnali che tendono a ripetersi (per l'altra persona probabilmente hanno un valore più importante).

- Eseguire sempre verifiche comportamentali.

- Non bisogna sbandierare alle persone il nostro tentativo di interpretare il loro linguaggio del corpo: a molti non piace l'idea di essere sotto esame.

- Ricordare che i segnali positivi e negativi che emette una persona, non sempre riguardano noi, anche se in quel momento stiamo interagendo: ogni persona subisce l'influenza del contesto socio – spazio – temporale in cui si trova in quel momento. Per cui, se una persona sembra irritata, probabilmente la causa noi siamo e ciò che stiamo comunicando, ma semplicemente c'è del nervosismo correlato al altro oppure la tipica giornata "no".

CAPITOLO 7: L'arte di mentire

Chi nell'arco della sua vita, non avrebbe voluto nascondere un'emozione o una scomoda verità? Noi individui, in quanto animali sociali, molte volte incappiamo nella menzogna, come possiamo ottenere gli strumenti per riconoscerla? La scienza in questo campo, ha fatto numerosi progressi negli anni, basti pensare alle tecniche usate dagli investigatori durante gli interrogatori. Un concetto chiave, ormai confutato da molte teorie, spiega che ogni mentitore è in qualche modo sotto pressione, proprio perchè il suo inconscio viaggia nella direzione opposta rispetto alla sua logica razionale. Un mentitore perchè sia credibile, non deve solo limitarsi a esprimere verbalmente il suo inganno, ma deve anche avere la capacità di controllare la grande fetta di elementi appartenenti alla comunicazione non verbale. E' possibile riuscirci? Secondo la scienza no! Ovviamente più il mentitore è bravo, e più è difficile percepire gli elementi contraddittori del suo comportamento. Esistono particolari più gestibili di altri, come tutto ciò che viene utilizzato in maniera consapevole nella CNV nella normale quotidianità, ad esempio le espressioni del viso. Solitamente un bravo mentitore si concentra nella gestione del viso, mentre gestire il corpo con totale consapevolezza è presso che impossibile: controllare le contrazioni muscolari, piuttosto che il rilassamento nervoso non è sempre fattibile. Le mani ci offrono un valido supporto come indicatore di verità, poiché non ci sono strategie conclamate per eliminarne l'espressività. Gambe e piedi sono anche da prendere in considerazione, sono spesso "dimenticati", e in base alla teoria già citata in precedenza, più ci distanziamo dal centro e meno abbiamo il controllo del nostro corpo. Questa teoria può spiegare perchè molte volte preferiamo eseguire una lezione o un colloquio in teleconferenza, oppure perchè essere in piedi o seduti al centro di una stanza ci può mettere a disagio. Quindi, chi mente cercherà di controllare il corpo immobilizzandolo il più possibile o occupandolo con dei movimenti meccanici (es. camminare), e tenterà di utilizzare le parole e la mimica facciale per avvalorare la sua menzogna. Una serie di studi, eseguiti negli Stati uniti, basati sull'esperienza di giovani infermiere, interrogate sull'impressione avuta dall'impatto con delle esperienze molto suggestive vissute durante il loro lavoro, hanno evidenziato alcuni comportamenti che accompagnanvano le menzogne:

- le mani tenute più ferme del solito. Inconsciamente, temiamo che mentre mentiamo il movimento involontario delle mani possa far trapelare qualche indizio, per cui tendiamo a tenerle innaturalmente immobili.

- La tendenza a toccare spesso il viso. Ad esempio toccarsi il mento, la fronte, la bocca, grattarsi il naso o il sopracciglio, accarezzare il lobo dell'orecchio, ecc. Sembra che inconsciamente abbiamo l'impulso di fermare la menzogna uscire dalla nostra bocca, toccandoci con le mani. Gli studiosi teorizzano che a volte tocchiamo altri parti del viso per dissimulare la tentazione di tapparci la bocca.

- Tendenza a muovere molto di più il corpo, o al contrario, quasi a immobilizzarlo.

- La mimica facciale era, a differenza del corpo, gestita molto bene, le espressioni del viso erano molto simili a quelle mostrate nella quotidianità. Anche se simili però, qualche piccolo particolare c'era, ed è ciò che Eknan definisce micro – espressioni (espressioni di pochi attimi, lievi quasi da essere impercettibili), visibili dopo un'attenta osservazione e viste e riviste a rallentatore.

In conclusione, con l'esperimento delle infermiere americane, è stato dimostrato che né con il corpo, né con il viso, è possibile mentire. Inoltre, più l'individuo è messo sotto pressione, più il conflitto interno tra inconscio e razionale diventa difficile da gestire e quindi controllare gli elementi involontari della comunicazione non verbale diventa sempre più difficile.

L'efficacia delle nostre comunicazioni quindi, non dipendono tanto da cosa diciamo, ma da come il nostro interlocutore recepisce il messaggio. E' stato ormai assodato che uno dei primi motivi per cui le persone sono interessate a conoscere il linguaggio del corpo, è per capire se chi hanno davanti sta mentendo o meno. Le menzogne però possono essere di vario tipo, come quelle dette "di cortesia", ovvero dette per evitare di offendere o turbare gli altri o quelle "gravi", ad esempio un assassino che cerca di nascondere il delitto appena compiuto. La maggior parte delle bugie con cui abbiamo a che fare sono di tipo sociale e, probabilmente non sono sempre negative: se dicessimo sempre tutto quello che pensiamo senza filtri, forse il mondo andrebbe in pezzi. Ad esempio possiamo evitare di dire ad una cara amica che è ingrassata, oppure alla collega che la sua torta ha un gusto davvero cattivo. La cosa certa è che però, per quanto i mentitori siano abili, degli osservatori esperti avranno sempre la meglio! Per riconoscere una menzogna, dobbiamo sempre andare a ricercare il confronto con il comportamento abituale di quella stessa persona, ovviamente se si tratta di conoscenti sarà molto più semplice. I comportamenti da prendere in considerazione e poi confrontare sono quelli presenti in cui una persona sta dicendo la verità (sappiamo che è tale perchè è ineluttabile), ad esempio, l'intensità del suo sguardo, i cambi di posizione, la postura, il movimento delle mani e dei piedi, il contatto oculare, ecc. Se notiamo uno stile di comportamento diverso, siamo giustificati ad accendere un campanello d'allarme e a pensare ad una menzogna. Se invece la persona in questione la conosciamo poco, possiamo solo limitarci a osservarla e ascoltarla, cercando attentamente le sue contraddizioni. Per comprendere e osservare quali sono le probabili mosse di un astuto mentitore, possiamo osservare dei giocatori di Poker durante una partita: il bluff è una tecnica molto utilizzata durante il gioco! Occultare delle emozioni e dissimulare ai rivali la realtà, riducendo al minimo la fuga di informazioni, può far la differenza e regalare una fruttuosa vittoria! E' stato visto che il luogo dove maggiormente tendiamo a reprimere le nostre emozioni, cercando di nasconderle agli altri, è il lavoro. Quante volte ci siamo trovati davanti ad un capo scorbutico e abbiamo finto gentilezza? Quante volte abbiamo mentito dicendo che un lavoro pesante e noioso ci piaceva moltissimo, per non dimostrare debolezza? Ecco appunto! Un bravo osservatore però, riuscirà a capire subito il tentativo di reprimere la nostra reale emozione: la tristezza tende a far contrarre le pupille e l'ansia tende a creare tic nervosi a livello palpebrale. Ma il buon osservatore, oltre a questo sa anche che la vera dimostrazione di menzogna si ha quando gli altri individui cambiano atteggiamento rispetto alla normalità. Ad esempio, se un nostro collega è abituato a gesticolare in maniera importante quando comunica con noi, e improvvisamente, interloquendo non lo farà più, anzi risalterà la sua marcata immobilità, forse quello che sta dicendo non è del tutto veritiero. Questi gesti "incoerenti" rispetto alla normale condotta sono i più importanti rivelatori di menzogna. Inoltre, durante l'osservazione, non dobbiamo e non possiamo basarci su un unico gesto, sarebbe superficiale e il più delle volte non ci condurrebbe al risultato atteso. Tornando agli elementi di menzogna, uno da non sottovalutare è l'intensità del sorriso: esistono diversi tipi di sorriso, e chi mente tendenzialmente sorridono. Perchè? Perchè inconsciamente il mentitore vuole dissimulare la reazione di rabbia o tristezza che avremmo se sapessimo la verità. Inoltre, siamo solitamente inerenti a credere che il sorriso sia segno di fiducia e non di inganno: l'uomo, in quanto animale, crede a ciò che vede. I mentitori "esperti" sapendo questo, per dissimulare la loro bugia e convincere gli altri, sorrideranno meno! E' stato inoltre visto che, il sorriso del mentitore è un sorriso molto diverso da quello fatto per gioia o felicità, il sorriso falso dura molto e nel suo durare si trasforma pian piano in una smorfia per poi scomparire lentamente, non è mai spontaneo e tendenzialmente gli angoli della bocca sono rivolti verso il basso. Questo tipo di sorriso, però, non appartiene solo ai bugiardi, possiamo utilizzarlo tutti noi inconsciamente nelle occasioni di circostanza e formalità, senza necessariamente essere colpevoli di chissà quali segreti. Secondo gli studiosi è quasi impossibile produrre un'espressione sorridente spontanea mentre si sta mentendo. Un posto speciale, all'interno del nostro esercizio di osservazione, dev'essere riservato agli occhi e alla direzionalità, come si suol dire, gli occhi sono lo specchio dell'anima. Secondo le credenze popolari, un bugiardo non guarda mai negli occhi, questa frase è solo parzialmente corretta: l'elemento chiave non è il fissare o meno gli altri, ma capire se la direzionalità dello sguardo dell'individuo sotto osservazione è diversa o anomala rispetto alla sua normalità. Un mentitore può fissare a lungo l'altra persona, nel tentativo di ingannarla inducendo quest'ultima a fidarsi di lui, visto il gesto di grande apertura come uno sguardo diretto. O al contrario, può non reggere il confronto con lo sguardo indagatore del suo interlocutore. Secondo Ekman, le persone più manipolatrici però, tendono a guardare fissi negli occhi mentre mentono, i criminali ne sono un forte esempio, se vedessimo il video di un interrogatorio o di un processo, vedremmo che quest'ultimi tendono a non dissimulare lo sguardo dal loro interlocutore.

Come detto prima, in questi casi, oltre a notare non uno, ma più comportamenti rivelatori, dobbiamo porre attenzione anche al corpo oltre che al viso. Oltre alla dilatazione e contrazione delle pupille e alla fissità degli occhi, dobbiamo anche valutare la presenza di tremore palpebrale: nelle situazioni di stress, e come abbiamo detto precedentemente, chi mente lo è sempre (anche se in misura diversa) visto che si crea un contraddittorio interno tra logica e sentimento, possiamo osservare tremolio palpebrale. Questo fenomeno per lo più involontario e non controllabile, può essere indicatore di tensione e quindi di bugia, anche se è spesso osservabile anche nelle persone semplicemente molto stanche e stressate in senso generale. In fine, merita di essere nominata la direzionalità dello sguardo. Come sappiamo il nostro cervello si suddivide in due emilati, il destro e sinistro, e ognuno ha una specifica funzione: il lato destro controlla la logica e la razionalità dell'individuo, mentre il sinistro è la sede della creatività e dell'emotività. Per quel che riguarda il movimento, l'emisfero destro controlla il movimento del lato sinistro del corpo, mentre l'emisfero sinistro controlla il lato del corpo destro. Cosa vuol dire questo preambolo? Se osserviamo la direzionalità dello sguardo, saremo in grado di capire se ciò che il nostro interlocutore sta dicendo è frutto di un'elaborazione emotiva, e quindi inconscia per cui reale, oppure se è frutto di un ragionamento logico e calcolato, quindi ha maggior probabilità di essere un bugia. Le neuroscienze, ci dicono che, se nel corso della comunicazione, interrompiamo in maniera spontanea il contatto visivo, tendiamo a direzionale gli occhi da un lato piuttosto che l'altro. Questo può essere il momento rivelatore, se siamo degli attenti osservatori con molta pratica ed esperienza alle spalle. Quindi, se l'interlocutore guarda a destra, è probabile che dica il vero (il movimento è controllato dai due emisferi opposti), se guarda a sinistra, è probabile che il suo concetto non sia del tutto veritiero. E' importante però ricordare, che nessuno elemento se preso da solo, permette di diagnosticare una menzogna, e va sempre fatto un confronto con il comportamento "normale" di un individuo. Senza un 'accurata valutazione e comprensione della totalità dei dati, si può essere fuorviati e creare falsi pregiudizi o peggio incrinare il rapporto interpersonale con gli altri.

Abbiamo abbondantemente parlato del linguaggio non verbale riferito alla mimica facciale, alla prossemica e alla postura. Un altro elemento di fondamentale importanza, per quel che riguarda la menzogna, è rappresentato dagli aspetti e dalle caratteristiche del parlato, cioè da nostro modo di esprimerci. Per modo di esprimersi, non si intende il significato di cosa viene detto, ma di come lo si dice. Un eloquio può essere lento o veloce, alcune pause possono essere più lunghe o più corte delle altre, dando alle parole una moltitudine di significati. Se prendiamo in considerazione la velocità del parlato, è stato visto che, una persona che mente tende a parlare più lentamente, poiché il cervello ha bisogno di uno sforzo maggiore per elaborare un concetto diverso della realtà, inoltre, non dimentichiamo che le bugie creano sempre un conflitto interiore e richiedono un forte sforzo energetico per controllare la comunicazione non verbale. In poche parole, mentire è davvero faticoso, e richiede molte energie! Purtroppo i manipolatori seriali, saranno allenati anche a questa forma di stress e, faranno in modo che il loro eloquio non risulti né troppo lento, né troppo veloce rispetto al solito. Per lo stesso razionale del eloquio tendenzialmente lento durante la menzogna, anche le pause tra una parola e l'altra sono generalmente più lunghe. Il mentitore inoltre, cercherà di sembrare rilassato, sempre per dar credito alla sua farsa, un modo di esporre lento e pacato, può quindi essere ingannatore, anche se, osservando bene il nostro interlocutore, potremmo notare che la frequenza respiratoria (percepibile dai movimenti del torace), tenderà ad aumentare, sempre per lo stress provocato dal gestire così tanti aspetti. Oltre all' aumento di frequenza respiratoria, un aspetto rivelatore può essere quello modificare il tono o l'intensità della voce durante il dialogo, ad esempio, schiarirsi la gola. Quest'ultimo è un elemento molto interessante, non solo perchè smorza la tensione per i bugiardi, ma ha anche un razionale fisiologico: il bugiardo è teso, la tensione che stress, il sistema nervoso involontario diminuisce la produzione di saliva, per cui si ha la sensazione di gola secca e bocca asciutta, motivo per il quale schiarirsi la gola o avere la sensazione di sete, è quasi naturale. Attenzione però, aver sete dopo un lungo discorso è normale per chiunque, ricordiamoci di valutare tutti gli elementi nel loro insieme e non singolarmente, poiché altrimenti non hanno nessun valore. L'eloquio può essere menzoniero anche quando al suo interno ci sono delle esitazioni, sia sotto forma di silenzi prolungati, sia sotto forma di paroline prive di senso (uhm.. ah.. eh...). Queste sorta di intercalari, servono solo a prendere tempo e ridurre la tensione del mentitore, un discorso sincero solitamente è deciso, calmo e scorrevole.

La voce inoltre, può avere un cambio di timbro: quando si mente si tende ad avere un tono più acuto, sempre a causa della tensione. Facciamo un esempio pratico, ci troviamo in macchina, presso una strada statale, rallentiamo e la macchina dietro di noi ci urta danneggiandoci il paraurti. La causa reale è la mancanza di distanza di sicurezza e l'eccesso di velocità di quest'ultimo. Noi e il guidatore dell'altra automobile, interagiamo sull'accaduto, il nostro interlocutore cercherà di negare le sue responsabilità nell'accaduto mentendo. Quali atteggiamenti rivelatori possiamo notare? Ad esempio lo sguardo spostato frequentemente a destra e sinistra e inespressivo, un sorriso di circostanza tirato ai lati della bocca, la voce acuta, la mancanza di salivazione, il tremolio palpebrale, le mani nascoste in tasca e i piedi mossi con un ticchettio nervoso, l'uso frequente di intercalari che interrompono le frasi lasciandole in sospeso. In conclusione, chi mente ha un comportamento simile a chi è teso e sotto stress, ma l'elemento basilari e rivelatore in assoluto è captare cambi di atteggiamento rispetto alla normalità. Possiamo esercitarci ad osservare le persone che ci stanno intorno, ad esempio i nostri colleghi. Chiediamoci com'è quella persona abitualmente? Se solare o cupa, se ansiosa o molto tranquilla, se tende a fissare gli altri o distoglie lo sguardo per timidezza, se è molto stanca oppure generalmente rilassata, se la voce e profonda o acuta e se il parlato è veloce e travolgente o calmo e delicato. Le risposte a queste domande potrebbero stupirci, e farci capire quanto poco a fondo conosciamo chi ci sta intorno e quindi quante poche armi abbiamo scovare gli inganni. Ricordiamo però che non tutte le menzogne sono negative in maniera assoluta: se tutti dicessimo quello che pensiamo senza filtri, ci sarebbero litigi e incomprensioni in ogni dove! Ad esempio, non è così criticabile mentire dicendo che ciò che abbiamo mangiato era buono, se invitati a cena da qualcuno. Oppure, possiamo far finta che ci piaccia l'automobile nuova del vicino per non offenderlo. Basta essere credibili nel farlo!

Abbiamo disquisito a lungo sulle strategie della menzogna, adesso possiamo concentrarci su tutti quegli elementi che fanno si che la verità trapeli, nonostante tutti gli sforzi di omissione. Come abbiamo già detto, mentire crea un inevitabile conflitto interiore, il conflitto mentale genera contraddizioni e stress a livello esterno, più le contraddizioni aumentano, più aumenta il nervosismo, e così via. Per cui, il vero nemico del mentitore è l'ansia! Il grado di ansia che ognuno di noi ha è innato e tipico della personalità di ognuno di noi, praticamente genetico. Più le persone sono ansiose e meno tendono a essere logiche e razionali, lasciandosi spesso trasportare dall'emotività. Esiste poi quell'ansia che nasce poiché correlata al contesto che si sta vivendo in quel preciso momento: questo tipo ansia ha una fonte esterna ben precisa. Questa fonte è quasi sempre vista come una minaccia o comunque un elemento negativo per la persona, nel nostro caso, la conoscenza della verità da parte del prossimo. Quando ormai siamo in uno stato di ansia, mettiamo in atto dei comportamenti o atteggiamenti che sono contraddittori con quanto vogliamo far credere, ma che inconsciamente sono per noi "rilassanti". Per questo durante la menzogna, abbiamo bisogno di toccarci il labbro o la gola. Inoltre il nostro corpo, essendo lo specchio dell'anima, esprime sempre la verità. Tornando all'esempio del poker, un gioco ad alto contenuto psicologico, il controllo del corpo, sotto forti stati di ansia (posta in gioco molto alta) è fondamentale. Un bravo giocatore di poker, oltre che essere abile con le carte e fortunato, dovrà essere una persona molto "controllata". Il nostro corpo comunica in ogni momento il nostro reakle stato d'animo agli altri: se diciamo di aver in mano delle ottime carte, ma le nostre mani tremano e la nostra bocca è tirata, potremmo destare molti sospetti negli avversari. Al contrario, un bravo giocatore, deve riuscire a dissimulare il suo svantaggio rispetto agli altri controllando le sue emozioni e il suo stato di ansia, portando gli altri a credere di avere la partita in mano oppure mettendoli sotto stress facendogli azzardare a mosse sbagliate. I giocatori, come gli sportivi, come chi lavora nel marketing, nelle risorse umane e anche in campo pubblicitario, devono avere bene a mente l'importanza della gestione dell'ansia e del corpo. Quindi, qual' è il meccanismo della fuga di informazioni per cui un bluff crolla o una bugia viene scoperta? Si innesca una catena di causa – effetto, quasi sempre identificata quando ormai è troppo tardi. Riassumiamone i concetti fondamentali:

- Il bluff o la bugia generano contraddizione tra emotività e logica calcolatrice

- la contraddizione mette sotto pressione gli individui

- la pressione è sempre più difficile da reggere e nasce l'ansia

- l'ansia genera dubbi, che condizionano il nostro comportamento non verbale

- nel mentre l'ansia influenza la fisiologia del

nostro corpo, attivando tutti quei meccanismi involontari attivati nelle situazioni di allarme

- tentiamo di nascondere l'ansia in aumento cercando di dissimulare comportamenti rivelatori e rafforzando ciò che inconsciamente ci rassicura

- l'ansia è ormai fuori controllo, le contraddizioni, nonostante tutti gli sforzi, stanno trapelando, e ciò fa aumentare ancora di più lo stato di agitazione.

- Il controllo a livello fisico è ormai solo un utopia, comportamenti non coerenti fanno da padrona alla comunicazione e il nostro interlocutore, se attento, possiede tutti gli elementi per smascherare il nostro bluff o menzogna.

Questo meccanismo può essere controllato imparando a gestire l'ansia. Ovvio, è molto più semplice la teoria della pratica, ma conoscere quali sono gli elementi alla base di tutto ciò è già un gran bel passo avanti! La prima regola come in ogni cosa è aver pazienza e essere costanti, osserviamo con attenzione noi stessi e gli altri, solo così potremmo davvero avere delle chance di imparare a comprendere correttamente il linguaggio del corpo.

CAPITOLO 8: Come piacere agli altri utilizzando il linguaggio del corpo?

A volte ci capita che alcune persone ci piacciano dal primo istante, usiamo descrivere il fenomeno con frasi tipo " il suo modo di fare mi piace" oppure " mi è piaciuto a primo impatto". Oppure può capitare la cosa opposta, ci sono persone che non ci piacciono a prima vista. Perchè succede questo? Perchè il nostro linguaggio non verbale, comunica qualcosa di noi ancor prima delle parole. Come possiamo utilizzare il linguaggio non verbale per fare una bella impressione sin da subito? Così che gli altri siano ben disposti a far conoscenza con noi?

- Anche se è sbagliato giudicare alla prima impressione, la nostra mente, appena entra in contatto con qualcosa di nuovo, cerca di farsene un'idea, è un riflesso naturale, quasi istintivo. La prima cosa di noi che gli altri vedono è la nostra fisicità, per cui, è importante porre molta attenzione a ciò che stiamo esprimendo con il nostro corpo. E' importante avere un atteggiamento di apertura e benevolenza verso il prossimo e una gestualità che faccia trasparire gentilezza e educazione.

- Avere una postura del corpo che ci faccia sentire rilassati e a nostro agio, come il busto dritto, le spalle rilassate, il petto leggermente infuori, respiro profondo e arti non incrociati, con mani in vista, al fine di indicare reale interesse alla conoscenza. Questo è ciò che ci differenzia dall'essere altezzosi o dare un'idea di pessimismo agli altri.

- Quando ci presentiamo, dobbiamo avere un atteggiamento aperto, con nulla che copra il busto, con il viso ben su e ben eretti su noi stessi, bisogna dare un immagine di positività e apertura verso la conoscenza, inoltre dobbiamo trasmettere sicurezza in noi stessi: chi è negativo con sé stesso, trasmette la stessa sensazione agli altri.

- Riponiamo tutta la nostra attenzione in quello che stia o facendo, non giocherelliamo con gli oggetti e non spostiamo il nostro sguardo su altro, Le altre persone devono recepire che abbiamo un sincero interesse verso di loro. Inoltre, tutto ciò da un senso di sicurezza.

- Se vogliamo piacere agli altri, dobbiamo mostrarci positivi e quindi sorridere e non dimenticare l'educazione salutando sempre! Il saluto è un gesto molto importante, da non trascurarne assolutamente il valore, anche se gli altri non corrispondono, noi salutiamo sempre, vedremo i benefici di una buona educazione nel corso del tempo. Cercare di emanare positività, è anche un ottimo metodo per combattere il pessimismo che ogni tanto ci cattura.

In conclusione, il condizionamento più forte, verso gli altri, è sempre il risultato del nostro comportamento.

Se il nostro atteggiamento è quello di una persona aperta, positiva e amichevole, la prima impressione sarà nella maggior parte dei casi ottima.

Le persone istintivamente si lasciano influenzare da ciò che vedono, creando dei pregiudizi, che molte volte possono diventare terrene fertile di ostilità e barriere insormontabili.

Se si considera la comunicazione nel suo complesso, ciò che conta in un rapporto interpersonale, se quantificato in percentuali, è la comunicazione non verbale (90%) rispetto a quella verbale (10%).

CAPITOLO 9: Linguaggio del corpo e crescita personale

In che modo conoscere e interpretare il linguaggio del corpo può influenzare la crescita personale?

La crescita personale è la ricerca della consapevolezza del sé, in modo da vivere la vita con armonia e positività. La crescita personale è un lavoro lungo, faticoso e che richiede costanza che parte prima di tutto da sé stessi. Comprendere il linguaggio del corpo ha due importanti prerogative all'interno della crescita personale:

- conoscere il proprio corpo e imparare ad ascoltarlo comprendendolo è essenziale nel raggiungimento della pace interiore. Il corpo non mente, e per quanto con razionalità, ci ostiniamo a negare a noi stessi sentimenti negativi o pensare erroneamente di aver il controllo sui nostri conflitti interni, il corpo ci dirà subito se tutto ciò è reale o meno.

- La crescita personale non è solo basata su noi stessi, ma anche sulla costruzione di rapporti positivi e armoniosi con le altre persone. Un modo è certamente quello di tentare di comprenderle. Le interpretazioni erronee o dei pregiudizi basati su false convinzioni, pregiudicano notevolmente i nostri rapporti interpersonali, e quindi portano del malessere anche in noi: l'uomo è un animale sociale, e come tale, per star bene, deve vivere in un contesto sereno e pacifico.

Conoscere il linguaggio del corpo, è inoltre, è un' ottima arma per evitare di essere manipolati. Pensateci, quante volte siamo stati ingannati, e abbiamo pensato, se solo avessimo capito prima! Comprendere la mente umana è una cosa meravigliosa e piena di sorprese, ci aiuta a vivere meglio con stessi e a vivere meglio le nostre relazioni interpersonali.

CAPITOLO 10: ESERCIZI

Siamo giunti alla fine del libro, e cosciente del fatto che conoscere il linguaggio del corpo è molto utile, voglio proporre degli esercizi per mettere in pratica tutto quello che viene detto. Oltre a diventare degli ottimi osservatori, armarci di pazienza e costanza, è importante sviluppare l'intuito, al fine di cogliere al meglio tutti i segnali che l'interlocutore ci invia. L'intuito è quella sensazione inspiegabile che abbiamo non appena entriamo a contatto con qualcosa. Quante volte ci è capitato di entrare in una stanza e provare una sensazione di disagio? Ecco, la sensazione di disagio è data dall'istinto. Questo vale anche per le persone, quando entriamo a contatto con esse, possiamo percepire delle sensazioni, positive o negative, a seconda di come si pongono nei nostri confronti. Tenendo bene a mente l'istinto e quanto detto nei capitoli precedenti, vedremo insieme alcuni esercizi.

ESERCIZIO 1

1. Cercate sui libri, riviste o pc delle foto che rappresentino persone

2. Provate a imitare la loro posizione e la loro mimica facciale

3. Osservatevi in uno specchio

4. Qual' emozione percepite fissando la vostra immagine riflessa? Provate a concentrarvi bene e se serve chiudete gli occhi

5. Quello che percepirete, sarà probabilmente la stessa sensazione della persona che state imitando.

ESERCIZIO 2

Vediamo ora, un altro esercizio, stavolta in relazione diretta con gli altri.

1. Chiedete a qualcuno di aiutarvi in ciò che state per fare
2. Chiedete all'altra persona di ricordare un momento in cui ha provato tristezza
3. Mentre l'altra persona pensa al suo ricordo, osservate il suo linguaggio non verbale
4. Cercate di riprodurre la sua stessa postura e mimica
5. Provate a pensare se l'atteggiamento che avete appena assunto vi ricorda la stessa sensazione descritta dall'altra persona.

ESERCIZIO 3

Vi propongo ora, un altro esercizio:

1. Pensate ad una persona conosciuta in ambito lavorativo o scolastico

2. Visualizzatela nella vostra mente, come descrivereste il suo atteggiamento?

3. Come descrivereste il suo aspetto esteriore? Il suo aspetto esteriore coincide con il suo atteggiamento?

4. Prendete nota della vostra ultima comunicazione, ci sono stati dei segnali di stress? Cosa avete notato della sua CNV?

5. Ha fatto qualcosa di diverso rispetto al solito durante la comunicazione?

ESERCIZIO 4

1. Guardate un film in tv

2. Togliete l'audio e osservate i personaggi

3. Che sensazioni emergono in voi osservando gli attori? Quali sono le loro espressioni e i loro atteggiamenti? Sono credibili o è visibile che stanno solo recitando?

ESERCIZIO 5

1. Osservate ora un pezzo di propaganda politica, il politico in questione, come si pone?

2. Annotatevi le caratteristiche della sua comunicazione non verbale

3. Sta mentendo? O sembra affidabile?

4. E' evasivo o diretto? E' tranquillo o ansioso? Come traspaiono queste sensazioni dal suo linguaggio non verbale?

5. Come parlano? Lentamente o velocemente? Il discorso è fluido senza interruzioni? Le frasi sono lasciate a metà?

ESERCIZIO 6

1. Osservate voi stessi davanti ad uno specchio

2. Pensate ad un ricordo importante nella vostra vita

3. Visualizzatelo chiudendo gli occhi

4. Che emozione suscita in voi?

5. Aprite gli occhi e guardatevi allo specchio, notate qualcosa nella vostra espressione? Nella posizione del vostro corpo? Nella vostra postura?

6. Prendete nota di ciò che avete osservato

7. Provate a fare la stessa cosa con altri ricordi con richiamino sensazioni diverse, imparare ad ascoltare sé stessi è fondamentale e prioritario prima di tentare di capire gli altri. Inoltre, più siamo coscienti della nostra gestualità e più saremo in grado di dominarla.

ESERCIZIO 7

1. Pensiamo ad una situazione di forte stress che ci ha coinvolto

2. Come abbiamo reagito?

3. Proviamo a ricordare l'attimo in cui abbiamo avvertito la tensione, cosa stavamo facendo? Dove eravamo? Come ci siamo posizionati? Che espressione del viso abbiamo assunto?

4. Aiutiamoci guardandoci allo specchio

5. Abbiamo un modo abituale per esprimere stress e ansia? Ad esempio ci tocchiamo il lobo dell'orecchio? O ci grattiamo il mento? Cerchiamo di individuarlo se esiste.

ESERCIZIO 8

1. Concentratevi sull'ascolto delle vostre emozioni

2. Non interrompetene il flusso

3. Se può essere utile, eseguite delle meditazioni, il controllo di sé è fondamentale nella gestione del linguaggio del corpo

4. Fate la stessa cosa con le altre persone

5. Osservatele e ascoltatele senza interromperle, anche se ciò che dice non è interessante, deve importare non il contenuto, ma la forma del messaggio.

6. Durante l'interazione con gli altri, fate autocritica verso il vostro modo di porvi. Avete dato un messaggio di apertura oppure no? Che sensazione pensate di avere espresso con il vostro linguaggio non verbale?

7. Avete utilizzato dei gesti durante la comunicazione? Di che natura erano questi gesti? Erano un rafforzativo del concetto espresso? Servivano a spiegare cosa volevate comunicare all'altro? Oppure erano solo un mezzo per sfogare il nervosismo che quella situazione vi ha lasciato addosso? O ancora, erano gesti di distanziamento dall'interlocutore, perchè la comunicazione non era piacevole?

8. Provate pensarci, e annotate ciò che vi viene in mente.

9. Provate anche a riflettere sui gesti dell'interlocutore e sulla loro natura. Domandatevi che cosa voleva dire il nostro interlocutore con i gesti che ha fatto?Erano consapevoli?

ESERCIO 10

1. Andate in un posto affollato come la stazione dei treni o un aeroporto

2. Portatevi dietro un block notes

3. Osservate attentamente i passanti

4. Come sono vestiti? In che modo camminano? Hanno fretta? Sono calmi? A giudicare dal loro comportamento qual' è lo scopo del loro viaggio?

5. Concentratevi su un numero ristretto di passanti, che cosa vi colpisce del loro atteggiamento?

6. Esercitate i vostri occhi a notare anche i più piccoli particolari, una volta che avrete fatto pratica, certi dettagli salteranno subito all'occhio!

Spero che questi esercizi possano essere utili, al fine di comprendere il linguaggio del corpo. Ovviamente tutto questo, è solo un piccolissimo spunto per iniziare ad avvicinarsi all'argomento, che rimane tema di forte interesse e numerose ricerche da parte di molti studiosi. Informandosi e facendo pratica dell'argomento, si potranno ottenere modesti risultati, anche se l'evidenza inoppugnabile che l'interpretazione che diamo al linguaggio del corpo altrui, sia veritiera, non esiste! Ogni persona, in quanto essere umano, ha delle variabili non riducibili a una serie di regole da seguire per trovarne la chiave dell'interpretazione. Ma forse è proprio questo ciò che tiene vivo l'interesse per il funzionamento della mente umana, la sua continua sorpresa e bellezza. Capire il nostro corpo, è il primo passo per trovare l'armonia con noi stessi, e in un secondo momento anche con gli altri.

La scienza ha fatto grossi passi avanti, e continua a farli, chissà cosa potremmo scoprire nel nostro futuro.

www.ingramcontent.com/pod-product-compliance
Lightning Source LLC
Chambersburg PA
CBHW031112250726
48655CB00004B/1686